大夏书系·名家谈教育

给教师的信
——阅读与人生

朱永新 著

华东师范大学出版社
全国百佳图书出版单位

图书在版编目（CIP）数据

给教师的信：阅读与人生／朱永新著．—上海：华东师范大学出版社，2020
ISBN 978-7-5760-0762-6

Ⅰ.①给... Ⅱ.①朱... Ⅲ.①教师—阅读辅导 Ⅳ.① G451.2

中国版本图书馆 CIP 数据核字（2020）第 150557 号

大夏书系·名家谈教育

给教师的信：阅读与人生

著　　者	朱永新
策划编辑	李永梅　程晓云　林茶居
责任编辑	万丽丽
责任校对	殷艳红　杨坤
封面设计	奇文云海·设计顾问
出版发行	华东师范大学出版社
社　　址	上海市中山北路 3663 号　邮编　200062
网　　址	www.ecnupress.com.cn
电　　话	021-60821666　行政传真　021-62572105
客服电话	021-62865537
邮购电话	021-62869887　地址　上海市中山北路 3663 号华东师范大学校内先锋路口
网　　店	http://hdsdcbs.tmall.com
印 刷 者	北京博海升彩色印刷有限公司
开　　本	890×1240　32 开
插　　页	2
印　　张	8.75
字　　数	196 千字
版　　次	2020 年 9 月第一版
印　　次	2024 年 4 月第十次
印　　数	43 101—45 100
书　　号	ISBN 978-7-5760-0762-6
定　　价	49.80 元
出 版 人	王　焰

（如发现本版图书有印订质量问题，请寄回本社市场部调换或电话 021-62865537 联系）

目录
contents

序：还有一个非正式的"实验"…… /1

你是自己教室的"国王" /1
坚持阅读才有奇迹 /5
我笔记我行 /9
风格在博采众长和扬其所长之中 /13
让学生父母成为教育的助手 /17
让阅读真正走进课堂 /22
教师应是最好的领读者 /26
共读中静候花开的日子 /31
教师应有怎样的阅读结构 /35
办好师生的精神食堂 /40
擦亮每个日子，呵护每个生命 /45
如何让孩子喜欢阅读 /51
读经与读诗 /55
好活动让好书鲜活起来 /59

让孩子们在最适宜的年龄拥抱最合适的经典 /63

共同阅读共创幸福生活 /67

学科阅读是彰显学科魅力的最佳路径 /71

阅读是永无止境的探索 /76

那些新教育的阅读耕耘人 /82

让校园充满书香 /87

为什么纸质阅读很重要 /91

复活知识是优秀教师的标志 /95

阅读有多高，国家有多强 /100

从书香校园到书香社会 /105

人工智能会改变人类阅读吗 /110

教育是心灵的艺术 /115

让高铁阅读成为中国的美丽风景 /120

深化细化实化全民阅读 /126

打开大脑的"黑匣子" /130

让数字阅读和纸质阅读相辅相成 /138

未来的图书与未来的阅读 /143

做书的主人 /148

书籍是比枪炮更有威力的武器 /152

相信书籍与阅读的力量 /160

成为"世界图书之都"的真正意义 /169

阅读让古城永葆青春 /175

教育著作如何"走出去" /181

"书香强国"路迢迢 /185

写序的幸福与无奈 /190

学习的革命与未来的学习 /195

高校图书馆是全社会的珍珠 /199

"教师阅读学"的独特价值 /207

国庆读书记 /218

小学如何营造书香校园 /227

中学如何营造书香校园 /233

我的阅读与人生——答郭明晓老师12问 /239

后 记 /263

序:还有一个非正式的"实验"……

朱永新老师的新著《给教师的信:阅读与人生》即将出版,嘱我作序,我推辞再三,言说一二,可他坚持自己的意见:"你是催生婆,是见证人。其间的故事,你最清楚。"这样的理由,很"朱永新",我再拒绝,就显得矫情了。

我和朱永新老师的缘分,可以从20多年前说起——这估计是他没有想到的。1998年,我从一所乡村学校调到县教育局,当时县教育局新办了一份"学生作文报",并计划对原有的一份教育内刊进行改版,由铅印改为激光照排,更重要的是内容及结构的改变,诸如每期有"主题策划",有深度报道,像正规刊物那样做,有刊物自身的立场、态度和话语,而不是论文汇编。为此,教育局专门组建了新部门:编辑部。我也由教师转型为编辑(当然,我的编辑生涯从高中毕业以后就开始了,那是一段作为文学青年的有趣生活,此处不表)。

教育局的几位领导,阮水木老师、朱华彬老师、林定泗老师,都是专家型领导。在他们的支持和时任编辑部主任林裕辉老师的带领下,除了一"报"一"刊",我们还做了几件事,亦可说开拓了几个平台:创办年度"教育论坛",创办教育专题节目（与县电视台合作），创办简报"课改通讯"，创办教师读书班。

回望那些年的职业生活，虽多线作业，但游刃有余，其中一个关键因素就是工作内容与自己的兴趣、专长高度匹配。还有就是，身边有高人——陈添镇老师。他是1980年代福建师范大学教育学系的高材生，在"中等师范学校撤并"的大潮下，回到家乡工作，因此我有幸和他成为同事，并时常从他那里得到学术上的启发。种种因素的共同作用，十多年的教师经历和文学写作、文学（哲学）阅读、文学编辑所积累的些许经验被充分激活，我逐步卷入教育写作与教育阅读，开始更多地探摸自己的职业根据地：教育。很惭愧，作为教育工作者，我的职业自觉——研究、反思、专业阅读、专业写作的意识，那时才萌醒。

朱华彬老师是分管领导。我接任编辑部主任后，与他自然有更多的业务交流。他深知教育问题之所在，又颇具改变的意识，此前在一所初级中学担任校长时，就大胆开展教改实验，取得了不错的办学成效，后来还引进上海市闸北八中"成功教育"的理念和方法，在一些学校、班级进行推广。朱华彬老师有一个工作习惯：围绕问题，读书看报，及时分享。有一段时间，他持续推荐一个人的文章：《我心中的理想学校》《我心中的理想教师》《我心中的理想校长》《我心中的理想学生》《我心中的理想父母》……有时还交由印刷厂印成小册子，分发给老师、校长们——记得还印发过叶澜教授的名篇《让课堂焕发出生命的活力》。

一次我跟朱华彬老师开玩笑："是不是作者是你们老朱家的人，就这么喜欢啊？"他有点不高兴，说我没有严肃对待阅读。当然，这都是"装"的。因为我们都知道，在中国文化、社会、经济面临重大转型（加入WTO，计划经济转向市场经济，商品房制度初步建立，网络开始参与百姓生活，等等）的特殊历史阶段，教育亟须"理想"之光的烛照，人们亟须在何为好教育的问题上拨开迷雾，达成共识。

不用说大家也想得到，这个"老朱家的人"，就是新教育实验发起人、苏州大学教授、时任苏州市副市长朱永新老师。如果说，以2002年6月开通"教育在线"网站，8月确定江苏省昆山市玉峰实验学校为第一所实验校为标志，新教育实验正式启动的话，那么在我看来，朱老师这一系列聚焦"教育理想"文章的发表，以及《我的教育理想》一书在2000年的出版，是新教育实验在思想上的率先启动，因为它们蕴含了几年后新教育实验所提出的一系列核心理念、基本原则和关键策略。

那时网络论坛风起云涌，作为新教育实验专用网站的"教育在线"，聚集了一大批教育精英，一大批有想法、有个性、有独立判断的中小学、幼儿园教师，可谓教育新思想、新路径、新方法、新工具的集散地和共享中心。据时任"教育在线"论坛总版主刘恩樵兄提供的数据，截至2008年，"教育在线"网站注册用户超过20万，论坛会员超过25万，每天发帖量达两三千；另有数万名教师开设博客。人们称之为"网上的教师培训学院"，可谓实至名归。当下诸多优秀的特级教师，包括我们大夏书系的很多作者，当年都在"教育在线"成为网友、辩友甚至是"论敌"。后来在一些场合，我听过很多朋友谈过自己的"'教育在线'运动史"。只是，我素来滞缓，时常落后于时代，与网络隔膜甚远，那些年对"教育在线"的故事，对新教育实验，对朱永新老师本人，都所知有限。唯一有过交集的，是2004年后我供职于福建教育杂志社期间，偶尔通过"教育在线"，向一些朋友约稿，记得也发过几个小帖子。

直到2007年夏天，我加盟大夏书系团队（华东师范大学出版社北京分社）以后，终于得以直面新教育实验，得以和朱永新老师有超越文本的交往——文本中的那个人，转身成为笑声爽朗的"公共事务工作狂"和"教育男子汉"。

当时，大夏书系新开发了一个子书系：教育讲演录。其中一本就是朱永新老师的《过一种幸福完整的教育生活——朱永新教育讲演录》。作为这个子书系的项目编辑，我有机会集中阅读这部书稿，了解"过一种幸福完整的教育生活"作为一种"新教育学"的价值意趣和行动原则，算是给自己补上了一课。很快，大夏书系与新教育实验团队有了第一次实质性的合作：出版"教育在线·教师文丛"。2008年5月，我和同事金洪芹老师南下苏州，与刘恩樵、刘祥、毛春铧、祁团、丁莉莉、屈红梅等"新教育人"，用了两天时间，把这套"文丛"的分类、体例、篇幅、书名、分工、装帧风格、编辑出版进度等事项一一敲定。我无法忘记的是，回京的火车上，一个惨痛的消息传来：汶川发生大地震。那一天，是5月12日。

出于事业发展和品牌进阶的需要，大夏书系于2009年7月创办了《教师月刊》。作为这份刊物的主要操持者，组稿、约稿、采访、拜访作者，参加相关活动，自然成为我日常的工作，于是就有了更多和朱老师见面或者向他请益的机会。他在朝阳区霄云里民进中央所在地的办公室，我不敢说是常客，但也不时造访，每每都颇有收获，或是一个选题思路，或是一条采访线索，或是一些应该长期保持联系的优秀教师、优秀校长的信息……

2012年8月,"上海书展"期间,正值"大夏书系十周年"的日子,我们做了一系列活动,其中一项内容,就是在"书展"举办地上海展览中心举行"大夏书系十年经典"的新书发布会,邀请了朱永新老师到现场作阅读主题的演讲并与书友们(市民、学生、教师等)互动。在陪朱老师去往会场的车上,我们谈定了一件事情:编辑部征集问题(话题),朱老师笔答,每月一次,是为《教师月刊》的新专栏:"朱永新答"。《给教师的信:阅读与人生》一书,就是这样迈出了第一步。

朱永新老师是官员,也是教授,是教育专家,也是公众人物,是"理想派",也是"行动派";在不同的身份形态之下,他都作出了突出的成就。我有时候会想,是什么样的一个"伟大的事物"(帕克·帕尔默《教学勇气:漫步教师心灵》意义上的),把这些复杂的乃至可能相互冲突的身份元素和行为逻辑,统一在一个人身上的?我的看法是:国家精神的建构,民族文化的复兴。在这样的使命之下,一个人便可能拥获超越了日常行政体系、组织体系的思想笼罩力和行动号召力。多重身份不仅不是羁绊,反而给他提供多元视角和宏阔的视野,使之可以对当下现实作出准确的判断,对社会大势作出合理的预测。也正因此,朱老师所发起、推动的新教育实验,在本土越来越深、越广地扎根,不断地生产思想、知识、课程、方法,不断地催发优秀教师、优秀校长、优秀父母、优秀团队,并反哺到孩子们身上,通过他们的成长,积极作用于无数家庭的幸福和社会的发展。

所以,我愿意把朱永新老师的多重身份集纳为一个角色:文化学者——不止于教育学者,只不过他的教育发言更多、更集中而已。在这个角色当中，是"书斋学者"和"广场学者"的完整统一。所谓书斋学者，即孤灯披卷，夜雨如歌，专注于古典经典，致力于著书立说，同时不自我封闭，不自说自话；所谓广场学者，即深耕"田野"，身体力行，融入大众生活，探寻思想进路，同时不哗众取宠，不吵吵闹闹。在朱老师的身上，两者互为价值观和方法论，并保持着丰富的学术张力。由此延伸出去，是他作为一个文化学者的精神构成：其一，自由与责任。自由，挣脱了身份羁绊和世俗名利纠缠的自由心灵；责任，基于自己的判断与预测的责任担当。没有"自由"，则"责任"可能不完全，甚至是不诚实的；反之，没有"责任"，则"自由"可能失去边界，导致精神的任性与虚妄。其二，建设与审美。建设，藉由教育的改进推动社会文化建设和精神文明建设；审美，着力于学校文化、课程文化、课堂文化、教师文化、学生文化、"父母"文化的审美化再造。没有"建设"，则"审美"可能轻浮，甚至是伪饰的；反之，没有"审美"，则"建设"可能成为强制，导致文化的板结与媚俗。

朱永新老师还有一个显豁的社会形象或者说公众形象——全民阅读推广人。作为"两会"代表，他至今连续18年，矢志不渝，在"两会"上提交"设立全民阅读节"的提案，并通过各种途径、方式呼吁，应该借助节日的仪式感、隆重感，唤醒全社会的阅读意识，逐步建设书香社会，推动国家精神力量的凝聚和提升。特别值得指出的是，作为教育界背景的民主党派领导，作为民进中央副主席，朱老师不只是关注校园阅读、家庭阅读，还关注企业、政府、军队、农村等各个社会层面的阅读生态；不只是关注阅读本身，还关注整个阅读产业，如阅读环境、知识产权、版权输出、数字出版、图书发行采购、出版市场法规、读者权益等各方面的建设与发展。大致从2016年开始,《教师月刊》"朱永新答"这个专栏的问题(话题)设计逐步集中到"阅读"上,与此有直接的关系——我们的愿望是,以这样的方式,朝向"书香校园"的目标,做一点能做到、能做好的事情。

在这些阅读问题(话题)的设计上,除了编辑部同事程晓云老师,我也做了一些工作。我们的考虑是:如何从读者的阅读期待出发,基于栏目定位,让朱永新老师有话可说、想说,或者稍稍做点功课即可笔答,最好是不吐不快。所以,必须持续跟踪、了解"最近一段时间",朱老师读了什么书,发表了什么文章,出差到了什么地方,参加了什么活动,接受了哪个媒体以何主题的采访,等等。很显然,准备越充分,越有可能对准朱老师思考和写作的兴奋点。他的诸多立论结实、内容丰富、案例生动的文章,也说明了这一点。我时常沉浸在某种"求学"的意趣中,仿若自己是在读研究生,准备了富有挑战性的问题,正等着聆听导师的教诲。

阅读即人生,人生即阅读,但同时必须看到,人生并非唯有阅读,阅读也无法规约和控制整个人生。对全民阅读的呼唤,也许是新教育实验的伴生物,或者说,在新教育实验之外,朱永新老师还有一个非正式的"实验":全民阅读与国家发展。它尚未"立项",但一直在潜滋暗长。

为了找一个写作素材,我打开邮箱,输入关键词"朱永新"进行搜索,无意中发现,这些年来,我和朱永新老师的来往邮件竟有300多封。属于它们的时光慢慢走远,而文字和情感留了下来。如果说,《给教师的信:阅读与人生》是一棵树的话,那么,这些长长短短的邮件，无疑就是这棵树所栖居其中的晨曦与鸟鸣，可有可无，又不可或缺。

感谢朱老师的信任。期待朱老师的新书。

林茶居

2020 年 6 月 14 日，于教师月刊工作室

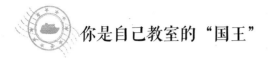 # 你是自己教室的"国王"

朱老师：

我十分认同新教育的理念和实践方式。作为一名普通教师，如何凭一己之力在学校推行新教育实验呢？（山东省莒县阎庄镇中心初级中学　王新祥）

王老师：

你好。来信收到。

你在信中所表达的意思，我的理解是：作为一名普通教师，非常认同新教育的理念与实践方式，但苦于没有行政方面的权力，很难凭一己之力在学校推行新教育实验。这个问题，许多一线教师都曾经跟我讲过。这样的一些教师，都苦恼于校长对新教育不熟悉、不支持，他们难以做自己喜欢的新教育。

对此，我想说的是：其实，每位教师都是自己教室的"国王"。关起教室的门，你就有了施展才华的空间，总是能够做一些事情的。所以，不妨从你自己的教室开始，晨诵、午读、暮省，从你自己的专业成长开始，专业阅读、专业写作、参与专业发展共同体。用你的学生的成长，用你自己的变化，来证明新教育的成果。当你开出了一朵花，花香蝶自来。

给你讲两个最近发生的故事。今年年初，山东滨州市教育局通过一位叫刘洁的老师邀请我去参加新教育实验区的启动仪式。这位网名叫"秋叶一片"的老师告诉我，她是当地无棣县第一实验学校的一名普通的语文教师。2007年，她偶然邂逅新教育，随后就在自己的教室里开始了自觉自主的尝试：儿童课程，读写绘、晨诵、午读、暮省，亲子共读，理想课堂……渐渐地，孩子变化了，父母成长了，口碑好了，影响大了，自然而然地，校长认可了。接下来，县教育局专门为她召开了现场会。再接着市里发现了，新教育竟然能够让教师和学生发生如此大的变化，于是决定在整个滨州市推广新教育实验。

刘老师说，六年来，因为新教育的一个个课程，岁月给了她太多"额外的奖赏"，她也希望新教育在她家乡的土地上生根开花。现在这个梦想成真了，她特别希望我再去滨州播一次新教育的种子。虽然事务繁忙，但谁能拒绝这样的邀请呢？最后，到了年底，我终于参加了滨州新教育实验区的启动仪式，也见到了这位执着而智慧的老师。

另外一个是发生于甘肃省庆阳市的故事。该市西峰区温泉齐家楼初级中学本来是一所"偏僻、闭塞、沉闷"的农村中学，2008年，该校的李建忠校长参加了在苏州举行的一次新教育课程展示活动，回去后就开始了新教育实验之旅。他们以书香校园、理想课堂、卓越课程为抓手，不断探索、实践，办学质量逐步提升，先后有省内外数百所学校几万人次到他们学校参观学习。

学校的喜人变化惊动了庆阳市教育局的卢化栋局长。他亲自点将，把李建忠调到庆阳市实验小学担任校长，负责全市新教育实验的专业指导工作。李建忠到实验小学一年多的时间里，又把学校的新教育实验做得风生水起。我在该校五年级"迎春花班"听课时，杨洁老师和她的孩子们给了我太深刻的印象和太多的感动。孩子们争先恐后，向我提出了许多问题，每个人还给我写了一封充满童真童趣的信。杨老师坚持阅读写作，厚厚几大本的作品见证着她的勤奋。她的精神感染了学生的父母，教室里的图书和书柜都是他们主动捐的。

上面提到的刘洁老师、李建忠校长和杨洁老师，都是一个人影响一个区域的故事。在新教育实验团队里，像这样的故事还有许多。所以，最根本的是自己对新教育的信任和信念，是自己对新教育的理解和实践。

亲爱的王老师，当我们无法改变世界的时候，我们不妨改变自己。当我们自己真正改变了的时候，你会悄然发现，世界也会因为你而改变。所以，建议你能够读一些新教育的入门书籍，如《中国新教育》《我的教育理想》《孩子的早期阅读课》《理想课堂的三重境界》等，到"教育在线"网站阅读历年新教育年会的主报告，如《过一种幸福完整的教育生活》《文化，为学校立魂》《缔造完美教室》《研发卓越课程》等，研究一些榜样教师的专题帖，在自己的教室里先做起来。如果有可能，你还可以加入新教育项目网络培训群，分享新教育榜样教师的一线操作经验；可以参加新教育网络师范学院，选修一些对自己有用的课程，与全国的教师们一起读书成长；还可以发动学生的父母一起加入新教育的萤火虫工作站，带动学生父母一起学习进步，以家庭教育助推学生成长。

新教育有句名言：行动就有收获，坚持才有奇迹。只要你真正地把根扎进教室，把新教育的课程和项目在教室里扎扎实实地开展起来，你自己和你的学生一定会更加精彩，你们的故事也一定会感动校长，感动周围的老师。当然，最重要的，是你和你的孩子，通过新教育得到真正的成长。因为归根结底，幸福是源自你内心的感受。祝你幸福！

你的朋友：朱永新

2014年1月4日晨，广西北海

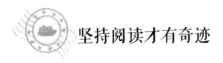# 坚持阅读才有奇迹

朱老师：

怎样能让学生爱上真正的阅读，而不是功利性的阅读？我校建立了班级图书架，每班有200本左右，可是自觉阅读的学生很少。我开过读书报告会、故事会，讲过读书的目的，可还是有不少学生未能把阅读变成自觉的行为。怎么做才有效？我很困惑。（辽宁省辽阳县刘二堡镇孟贾小学　王志胜）

王老师：

你好。

你提的这个问题，也是我们很多老师在推动阅读时经常遇到的问题。有心栽花花不发，我们期待孩子读书，给孩子买了很多书，做了班级图书架，也开展了很多活动，但是孩子们就是不能理解，不能把阅读作为他们自觉的行动。出现这种现象，我觉得可能有以下几个方面的原因。

第一，可能是应试教育的压力让孩子们缺乏阅读的时间和空间。一旦课堂教学、课外补习、家庭作业等把孩子上课、课外的时间都挤占了，孩子们没有了属于自己的时间和空间，养成阅

读的习惯也就是不可能的事情。所以,把时间留给孩子是很重要的。只有让孩子有阅读的时间和空间,才可能让孩子真正发自内心地爱上阅读。

第二,可能是孩子们没有遇到过真正的好书。你可能也给孩子推荐了书,办起了图书角,也开过报告会、故事会,但是,从结果来看,这些书仍然没有真正走进孩子的心灵,没有真正打动过他们。没有真正触动过孩子的灵魂,就很难得到孩子的认可,要让孩子真正去喜欢阅读,去主动拿起书本是很困难的。所以,选择怎样的书,尤其是在低年级的孩子刚刚走进阅读世界的时候,选择怎样的书,就像是给孩子端上了怎样的食物。不同年龄的孩子,对食物有着不同需求。仅仅内容好是不够的,还要符合孩子的身心发展规律。因此,老师要提高自身的阅读、甄别能力,为孩子选择到真正的好书,才能真正吸引住孩子,让孩子从此真正开始自发阅读。

第三,老师不仅要布置"硬件",还要注重"软件",也就是要和孩子们进行一些师生共读共分享的活动。这是不可忽视的一个重要原因。有些好书需要通过分享,通过教师和学生的共同阅读,才能真正让孩子喜欢,真正走进孩子的心灵。新教育实验提倡"晨诵、午读、暮省"的儿童生活方式,还专门开设了相关的阅读课程。阅读课,我认为是非常关键的,既可以单独开设,也可以从语文课里拿出时间来进行。阅读课程能够让孩子们领悟书中的精要之处、关键之处,教孩子们掌握良好的阅读方法,同时也能够通过共读过程中孩子彼此间的讨论、分享、争辩,让思维得到调动。共同的阅读生活,尤其是教师引领孩子一起来阅读、分享、剖析、对话,是让孩子学会阅读的重要途径。正因如此,当老师自己在选择共读书的时候，就应该问一问自己：这本书是否感动过你？人同此心，一本根本没有感动过你的书，你也很难真的感动孩子。因为你关于这本共读书的一言一行，都会流露出你内心的所思所想。

第四，要开展切合孩子特点的、孩子们感兴趣的各种阅读活动。你开的读书会、故事会等当然非常好，但孩子们是不是在被动参与呢？你不妨让孩子们建立自己的阅读俱乐部，自主举办阅读报告会、故事会，让孩子们成为阅读的主人。当不是被动参与，而是主动地谋划时，孩子们在阅读时就会变得更主动、更自觉、更有效。同时，老师也要引导孩子学会深度阅读，帮助孩子分析书中人物的命运，深入讨论书里人物，鼓励孩子续写图书、创作新的故事，等等。我知道国外的很多学校、很多机构，为了鼓励孩子阅读，可以说是不遗余力。比如，当孩子阅读量达到一定程度时，就给予孩子一定奖励，甚至有外国校长宣布，全校孩子读书达到某个数量时，自己就亲吻肥猪，以此激励孩子们多阅读。前不久国内也有校长模仿，引起了媒体的广泛关注。

我们当然没必要一定去亲吻肥猪，但是除此之外，还可以结合自身的、当地的情况，开展一些别出心裁的读书活动。人们对熟悉的事物有亲切感，结合当地特色开展同类题材的阅读，会事半功倍。比如在山区，可以组织孩子更多阅读和大山有关的故事；在海边，则更多阅读关于海洋的故事……这样，孩子们接受起来会更愉快、更迅速。

总之，一名热爱阅读的老师一定能够培养出热爱阅读的孩子。新教育人常说：行动就有收获，坚持才有奇迹。相信经过一段时间的摸索，你一定能够掌握更多方法、技巧，把孩子们领上阅读的智慧之旅。

　　为你加油！

你的朋友：朱永新

2014 年 5 月 31 日，北京滴石斋

 我笔记我行

朱老师：

我们这样在一线耕耘的教师想出一本自己的书，该从哪些方面着手策划呢？（湖北宜昌金东方小学 张辉玲）

张老师：

你好。

很多一线老师都想出一本自己的书，这当然是一件非常好的事情。把自己的所思、所行记录下来，能够和更多的人分享，同时也为自己的生命留一个纪念，是件非常有益的事情。

但是，要想写得精彩，关键是要活得精彩、做得精彩。所以，写书事实上就是记录自己的生活，书写自己的生命。最关键的是要让自己的生活出彩。你的生活出彩了，你的书才有可能写出来，你的书才有可能写得出彩，才有可能打动更多读者。

过去我们常说，我手写我心，实际上应该是我笔记我行。很多老师往往是拿着一张教育的旧船票，每天重复昨天的故事。他们不知道自己没能超越自我的一个重要原因是没有反思自己。学而不思则罔，思而不学则殆。所以，我觉得作为一线老师，首先

要用心地生活，要用心地做好每一天。写本身不是目的，写作的过程是一个思考的过程，更是一个不断解剖自己教育生活的过程。只有通过写作，才能真正开始自己的思考，才能发现自己每一天的生活：得，得在什么地方；失，失在什么地方。今天的课孩子喜欢，是为什么？今天的课孩子好像没有搞懂，原因又是什么？这样不断反思，就能不断超越自我。写作是提升自己的一条最有效的路径，一个最关键的措施。用心地写作，一定能让教师走得更远。我曾经和一线老师提出一个"朱永新成功保险公司"的计划，就是要求老师用心记录生活，每天坚持记录最少一千字，坚持十年，我可以保证他成为一名优秀的教师。

当然，具体来说，要写一本书的话也不是一件非常容易的事情。尽管很多老师在记录自己的生活，但是如果简单把自己的日记作为正式出版物出版，是有风险的。一般来说，出类拔萃的老师的日记对编辑和读者才会有吸引力，才会有借鉴的意义。如果你本身是一名非常有影响力的教师，那么出一本书会相对容易，否则出第一本书的时候就比较困难。这时出版社对你还不熟悉，对书的市场前景也没信心，就特别需要选题、内容、文笔等全方位的协调与配合。

要想正式出版一本书，第一件事就是规划好选题。什么是好选题？好选题就是能解答老师们关心的问题，能分享有价值的思考和行动。所以，往往题目越小、切口越小、案例越深刻，越能吸引编辑和读者。比如怎么解决孩子说谎、不爱阅读等一线老师非常关注的问题，如果你能做比较有深度的研究，有计划地梳理、总结、整理出来，写成一本著作，可能就会比较有影响力。"教育在线文库"曾经出过一本书《教师的第九个小时》，它对老师的业余生活做了一个比较深度的研究，把一名教师怎样度过业余生活、具有怎样的生活情趣、在生活中会碰到什么样的烦恼等此类问题梳理出来，以问题为主导，一个个去分析，去研究，去剖析。这本书对一线教师安排好自己的业余生活，具有重要的意义。所以，在好的思考与行动的基础上，选择好的主题，围绕主题去整合好的内容，以好的文笔去书写，初稿结束后多进行几次打磨——从写作到出版，就是这样的流程。

事实上对于一线教师来说，现在出书是越来越容易了。很多有着记录教育叙事习惯的老师，他们的教育随笔的第一次"出版"往往不是由出版社，而是由学校装订而成。拳不离手、曲不离口，这样的记录多了，通过写作学会写作，就可以把自己的文稿拿去请教朋友，甚至是相关的专业人士提意见，进行精选、修订、再投稿，也是一条很实际的出书之路。

我对一线教师特别建议出版的一种书稿，是基于日常教育叙事的书。这对一线教师来说是最实际的。关于对自己的课堂进行专题的反思，关于自己课堂实录的分析、研究，关于自己如何研发、使用课程的得和失，甚至关于对某一个特殊孩子的专题性跟踪和个案研究等，都是实际撰稿中容易操作的选题。

比如新教育团队中有个老师叫吴樱花，她曾经连续三年关注一个离异家庭的孩子，对他进行个案研究，为他开设了一个专题的记录。三年以后，吴老师出了一本书叫《孩子，我看着你长大》，这个孩子也以全昆山市中考状元的身份考取了重点高中。我们特别提倡老师对一些遭遇各种困难的学生、对一些有特色的学生，长期跟踪，长期观察，长期记录，长期研究。像这样的案例研究一方面可以成为很珍贵的文献，另一方面也会在很大程度上提升教师的教学水平和解决问题的能力。这样的书一般来说是有市场的，因为它具有比较典型的意义。

新教育还特别提倡老师和父母、孩子、其他的老师共同编织自己教育生活的写作，比如通过对日记、随笔的批注，通过给父母的一封信等进行主题记录。苏州工业园区斜塘实验小学的顾舟群老师，每周给父母写一封信，最后这些信被出版方主动汇编成一本书出版。还有四川宜宾的新教育榜样教师飓风，她每年都要写一篇自己的生命叙事，记录她一年中与学生、学生父母等共同编织的教育生活，结果她五年的生命叙事就结集出版为《我是大西洋来的飓风》一书正式出版，书中呈现出她的赤诚、睿智和拼搏，让无数读者感佩不已。

所以，一名教师写一本书并不容易，但也不太难。关键是你的书能不能打动你自己，能不能感动别人，能不能在接受市场的检验后真正留下来。我认为更为重要的是，你的书是不是真实记录了你的思考，能不能真正改变你的教育生活。真情实感，真实践行，有着比文字更重要的价值和意义。

所以，对于一线教师来说，写书是一个水到渠成的过程，不用着急，也不要气馁。要用大量的阅读和勤奋的实践，丰富自己的生活，增加生活的积淀，这样才能有真正的源头活水。同时，养成写作的习惯，写作能力的提升很大程度上是靠不断的积累，写作只有在写作之中才能提升。不懈地努力吧，我希望你能够写出一本自己的好书。

你的朋友：朱永新

2014 年 7 月 26 日，北京滴石斋

风格在博采众长和扬其所长之中

朱老师：

我是里下河水乡的一名青年教师，我工作的学校您曾于几年前来过，不过可惜的是当初我还未曾毕业，也就失去了一个向您学习的机会。您曾说过："缔造完美教室，创造生命传奇，离不开教师的独特风格。教师的风格，是一间教室特色的最重要根源。"当前我区在缔造"完美教室"方面取得了显著的成效，孩子们对教室有强烈的归属感和认同感，这就很能说明问题。正如您所说的，这个过程离不开"教师独特的风格"。所以，我想请教您的是，对年轻教师而言，风格的内涵是什么？形成这样的风格又需要作哪些努力？期待您的回复！（江苏省泰州市姜堰区里华中心小学　高杰）

高老师：

你好！

你的问题非常有价值，也非常具有挑战性。一名教师要形成自己的风格并不容易。拥有风格就意味着你已经出类拔萃，甚至意味着你已经独领风骚，意味着你已经成为一名卓越的教师。所以，对于刚刚开始教育生涯的教师而言，首先应该追寻的是生命的成长，是自我的完善。此时距离风格的形成还有一段漫长的路程要走。但是，正如不想当元帅的士兵不是好士兵，在起步之初就给自己树立起一个高远的目标，也有"取法其上"的作用，所以对风格的认真思考和追寻践行，是很有价值和意义的。

风格的形成有两个关键词：一个是博采众长，另一个是扬其所长。没有博采众长就没有扬其所长。

教师的博采众长，就像蜜蜂采蜜一样，是一个不断采集花粉的过程，是一个寻找风格的过程。事实上，无论阅读还是实践，到最后真正发挥重要作用的必然是和你生命最契合的、和你内在风格的潜力最贴合的，而这也不是一下子就能得到的。所谓"众里寻他千百度"，就是风格形成的第一个阶段，没有这样一个阶段，你就不可能"蓦然回首，那人却在灯火阑珊处"。"那人"指的就是你的风格，就是你真正的自我。

所有的学科、所有的大师在形成自己的风格之前，都会进行卓绝的努力，艰苦的探索。作为一名画家，要形成自己的画风，没有大量的临摹，没有大量的练习，是不可能成功的，教师也是如此。我们没有必要去尝试所有的事情，那会造成精力的过分消耗与浪费，但是，经过理性判断和取舍后的不断寻找是必需的，这样最后才能找到最适合自己的。所以，博采众长是形成风格的重要基础。在这个阶段最需要的是我们新教育所提倡的"三专"理论：专业阅读、专业写作、专业交往。广泛地阅读，坚持不懈地写作，能为成长打下非常坚实的基础。

然后就是扬其所长，或者说是扬我所长。在博采众长的基础之上，在不断地探索与尝试之后，一名教师需要形成自己的内在风格，向世界宣告"我"的独特存在。

目前有个不太好的倾向，就是"为风格而风格"。不少老师为自己的课堂、自己的教学做了很多命名，但其中不少命名比较幼稚，只不过是一种贴标签的行为。包括很多教学改革，也是一种具有贴标签性质的改革，其实深度的改变并没有真正的发生。

真正的风格，既是具体可以追寻的，同时也是自然生成的。有时候，在博采众长的过程中，坚持不懈地进行思考、探索和创造，在博采众长基础上有所独创，这就是风格。有时候，在探索的实践中几种风格往往会形成一种新的交集、新的组合，有时也会产生一种新的风格。有时候，在一种已有风格的基础上产生的变异，会产生一种新的风格。还有时候，风格是一个学派、一个流派。这时的风格也不一定是个人所独具的、完全具有独创性的风格，而是一名老师从博采众长走向一种流派的风格后，再从流派里面寻找并创造自己独特的个性风格。从博采众长到一种流派再到独创的个性化，这是形成风格的一个操作性最强的历程。

总之，风格的形成万变不离其宗。最重要的是，作为一名年轻教师，在对自我的优势和劣势作出客观而正确判断的基础上发扬了自己的强项。这是形成个人风格的关键。独特的风格需要我们去寻找或张扬自己独特的优势。同样以画家来说，如果独特优势是色彩，在色彩上可以淋漓尽致；独特优势是精致，在精致上可以做到极致。因此，有的老师靠他的形象赢得学生，有的老师靠他的语言征服学生，有的老师靠他的态度打动学生……不同的老师有不同的路径和方法，所以，不同的老师完全可以有不同的风格。

了解到风格具有可以追寻得到和必须自然生成的辩证特点，

我们就应该注意，风格既要自觉去探寻，也不要刻意去追寻。风格就蕴藏在教学的日常实践中。很大程度上，风格的形成取决于我们对所在领域不同风格的熟悉，对不同风格的驾驭和把握的程度。否则，有时我们自以为是风格，实际上这种风格在别人身上早已淋漓尽致地发挥，做得比我们更卓越，更优秀，就会反衬出我们的见识不够，给自己贴了一个风格的标签。

这样以追寻风格不断丰富自己，不断完善自己，不好高骛远，不过于急切，当修炼到家了，你会有"蓦然回首，风格自在灯火阑珊处"之感，那时那刻，你的风格就自然形成了。

你的朋友：朱永新

2015 年 1 月 24 日，北京滴石斋

让学生父母成为教育的助手

朱老师：

　　新教育实验中有一个"家校合作共育"的项目。我不太理解，学校教育为什么一定要家庭的参与？如果许多不懂教育的家长都要对我们的教育发表意见，替学校拿主张，那不是乱套了吗？（你的学生　小霍）

霍老师：

　　来信收到。
　　首先，我不主张使用"家长"这个概念。
　　十多年前，我发起新教育实验的时候，就发现"家长"这个称谓有问题。所以，新教育实验一直坚持用"父母"代替"家长"，我们把通常的"家长学校"改为"新父母学校"。
　　为什么要用"父母"正式取代"家长"的称谓？首先，在国际交流中，"家长"一词缺乏相应的概念。在英文中，"家长"的概念勉强可以翻译为：the head of a family [household]；patriarch；the parent or guardian of a child；genearch；householder。但我们一般使用的家长概念，其实说的就是父母。如《中华人民共和国未成年人保护法》提到"父母"之意共九处,其中八处用了"父母",仅在第三十九条中用了"家长",即"责令其家长或其他监护人加以管教"。其实,此处的"家长"改为"父母"也是完全可以的。

其次,也是更重要的,"家长"这个称谓已经不适应现代家庭的氛围。说起家长,首先想到的就是一家之长,家长制。《辞海》第1023页关于"家长制"的解释是:"……在家长制家庭里,家长握有经济大权,居于支配地位,掌握全家人的命运。旧中国的家长制,在宗法制度下,以封建的法律、礼教、习惯,束缚家庭成员,维护封建财政,巩固封建统治。新中国推翻了封建买办阶级的统治,废除了家长制。"既然废除了家长制,为什么还保留家长的称谓呢?

再次,在后喻社会,许多父母的知识落后于孩子,如果仍然采用"家长制"的管理方式,不仅容易使孩子产生逆反心理,也不利于父母自身的学习与成长。和谐平等、相互尊重的新型家庭关系,亲子共读共写共同生活的家庭生活方式,应该是未来家庭和家庭教育的方向。所以,取消"家长"的称谓势在必行。

回到你的问题。其实,不管你是否愿意,父母都是不可或缺、不可忽视的教育力量。瑞典教育家哈巴特曾经说过:"一个父亲胜过一百个校长。"事实上,父母才是培养学生真正的最基础的力量,学生们每天从家庭到学校,再从学校回到家庭,加上节假日,他们在家庭的时间是超过学校的。

我曾经说过,童年的秘密远远没有发现,童年的长度决定国家的高度。童年大部分是在家庭中度过的,家庭、父母对孩子的影响是刻骨铭心、持久悠长的。同时,学生们来到学校的时候,事实上已经不是一张白纸。他的个性、认知风格、行为习惯已经初步形成了。所以，小学一年级的学生，他们的心理发展水平，可能是5岁到10岁不等，而这种差距的形成，主要也是在家庭中实现的。

无论我们是否愿意，家庭总是与我们学校的教育紧密相连。在这个问题上，国学大师南怀瑾甚至认为，"教育从家教开始，学校不过是帮忙一下"。总之，为父母者责任重大。

问题在于，我们究竟是把父母当作对手还是当作助手？我们是做1+1>2的加法，还是做1-1=0的减法？

从我们的观察看，凡是能够充分发挥家庭的教育作用的学校和教师，其教育就会顺利得多，卓越得多；凡是不能够充分发挥家庭的教育作用的学校和教师，其教育就要艰难得多，麻烦得多。

作为一名教师，尤其是班主任，与父母的沟通的确是一门重要的艺术。以往，与父母的联系最重要的渠道是家访。通过家访，感受学生家庭的氛围，了解学生父母的养育方式与家庭关系，是非常有效的。问题是，我们有些老师把家访变成了变相的告状，反而会造成师生关系、父母与教师关系的紧张。

在有了新的通讯工具如校讯通、QQ、微信等之后，父母与教师的联系变得便捷，但是也出现了许多新的问题。文字或声音的联系，毕竟和面对面的交流不同，甚至，在学校的办公室里面对面的交流，和在学生家里的自然环境下的交流也不同。很多时候，沟通不够充分，结果可能反倒造成误会，甚至不如不沟通。所以，新教育实验学校一般会建立各种形式的家校合作委员会和新父母学校，来推动家校共建的工作。前者是以父母、教师为主体的家校合作机构,通过父母参与学校的重要事务和重大活动的全过程,实现学校的民主决策与民主管理。后者是学校利用社会资源,帮助父母提高教育素养,解决育儿难题的机构。

另外,许多新教育实验学校还参加了新父母研究所建立的萤火虫工作站。萤火虫工作站的站长大多数是学校里或者社会上具有丰富教育经验的教师、父母,他们提供亲子共读、亲子游戏、亲子戏剧等各种各样的活动,帮助父母与孩子健康成长,在很大程度上成为学校教育的好帮手。

不仅新教育实验重视家校共建工作,从全国范围来看,越来越多的地区也开展了相关工作,并且取得了令人称道的成果。从山东潍坊等地的实践来看,学生的父母尽可能参与学校管理,对于了解学校情况,增进与教师的互相理解,帮助学校更好更快地发展,起到了重要的作用。如潍坊市近年构建了一个行政搭台、专业引领、家校合作的现代教育治理新体系。通过百万父母进学校、重新学习做父母等活动,促进教育合力的形成,对潍坊教育的推进起到了重要作用。而该市教育也连续三年被评为山东省学生课业负担最轻的地市;高考从 2002 年至今,入一本线考生,占全省的 1/6—1/7;群众对教育满意率连续五年位居山东省第一。潍坊教育之所以呈现出质量较高、社会满意的良性状态,与他们重视家庭教育,重视父母的参与是分不开的。在当地,尤其是各界人士对教育的高度认同,明显高出全国平均水平很多。

总之,父母是一支重要的教育力量。教师和父母,应该围绕着孩子搭建起教育共同体。要尽可能与父母协同合作,把父母的正能量充分发挥出来。当学生的父母成为教师的教学助手，教师就会像有了三头六臂一样，能够在教育教学中从容发挥出更大的力量。

你的朋友：朱永新

2016年3月16日，山西出差途中

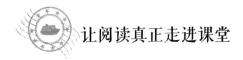# 让阅读真正走进课堂

朱老师：

您的阅读观建立在您长期孜孜不倦的阅读积累之上，是您的阅读践履与对阅读的理性思考"浇灌"出来的认知成果。耳濡目染于您的阅读生活的新教育同仁们几乎都有这样的感受：您的理论都深深植根于您的实践，真淳朴质之中沉淀着丰富的智慧。在您的阅读世界里，思、言、行是一个合体。

我长期在基础教育一线从事教学实践，正在经历的"图景"是这样的：大家对阅读的重要性认知颇深，但总是存在着"说着比做着重要"，甚至"说过就算做过"的现实尴尬。很多教师不读书，即便有一小部分教师坚持阅读，也很难将阅读的力量传递给同事或学生。您觉得，该如何点燃教师的阅读热忱，让阅读真正走进课堂，直至走进师生的心灵呢？
（宁波效实中学 张悦）

张悦老师：

谢谢你的来信。看来大家缺失的不是阅读的理念，而是阅读的实践。这种现象值得分析。就学生而言，他们普遍缺少阅读

的时间。从小学就开始的升学竞争压力，使原本的生活空间扁平化，除了学习、做题、考试，还是学习、做题、考试。没有时间，兴趣培养与能力形成就无从谈起。就教师而言，大家对教育目标的认知由于评价模式的单向度而呈现"狭窄化"特点，我听说连语文阅读都被迫"屈就"，诸如用题目来学习阅读方法，将文本分解为知识点。问题反映在教学实践层面，根子却还是在教育教学观念。

我觉得将时间和空间留给孩子是很重要的，只有这样，才能让他们发自内心地爱上阅读。新教育实验提倡"晨诵、午读、暮省"的学习生活方式，还专门开设了相关的阅读课程。阅读课程能够让学生领悟书中的精要之处、关键之处，帮助学生掌握阅读方法，同时也能够通过共读实现彼此的讨论、分享、争辩，调动思维，营造严谨又活跃的阅读氛围。在这个过程中，教师自觉的阅读意识与阅读建构尤其重要，教师在课堂里引领学生阅读、剖析、对话，在思想的碰撞与情感的共鸣中形成对共同体验的清晰表达，这对学生学会阅读、养成阅读习惯有着直接而具体的作用。

阅读走进课堂，只是阅读教学的一种形态。阅读更广阔的田野，在教育生活。开展切合学生特点的、学生感兴趣的各种阅读实践活动，让学生真正成为阅读的实践者。我也观摩过一些读书会、故事会，场面很热闹，学生们也很活跃，但总是感觉教师的"控制力"太强，所有过程都是教师预设的，学生的交流也是按照教师事前给定的"框格"来呈现。阅读是心灵与文字、与作者自由交流的过程，尤其是文学阅读，更是一种"翻越现实之墙"的心灵自觉，所有的参与若缺失了主动的品质，就意义不大了。

我的建议是，不妨让学生尝试着建立自己的阅读俱乐部、举办"经典有约"的沙龙、自主举行读书会等，不一而足。

至于教师读书，我的理解是，教师的读书不仅是学生读书的前提，而且是整个教育的前提。我觉得，教师与学生是一对互相依赖的生命，是一对共同成长的伙伴。教师的阅读趣味与水平会对学生产生深刻影响。一名忽略阅读的教师无法培植出热爱阅读的生命。

对于学校而言，有一个永远对学生开放的图书馆比拥有其他更为重要。苏霍姆林斯基说过，一所学校可以什么都没有，但只要有图书馆，就可以称之为学校。我非常希望，图书不是装点门面的工具，而是孩子们须臾不离的精神食粮。我们的教育若可以激发孩子因为精神的饥饿而发愤阅读，那就是成功的教育。

新教育实验的阅读课程，更是从点燃了无数教师开始，不仅让学生涵泳于文字之美，体验于场景之美，升华于想象之美，对学生美好人性的形成，可谓"效莫大焉"，而且通过教师推动的亲子阅读，将阅读从学校推向家庭。

阅读的种子是在家庭里播下的。《朗读手册》引用了这样的一首诗："你或许拥有无限的财富，一箱箱的珠宝与一柜柜的黄金。但是你永远不会比我富有，我有一位读书给我听的妈妈。"这首诗言简意赅地道出了家庭阅读的真谛：阅读是让孩子拥有丰富精神生活的重要源泉，阅读能力、阅读兴趣、阅读习惯的培养要从家庭开始。

那些孩子处于低龄期的家庭，父母榜样式的阅读和引领式的荐读，对于孩子心灵成长更为重要。也许，童年的秘密我们远远没有发现，童书的价值我们也远远没有认识。童书把人类最美好的东西，都悄悄地藏在一个个人物、动物的命运里，借此构建孩子的价值观。最初的阅读是亲子共读，是父母读给孩子听，因为孩子不认字，阅读更多的是从图画入手。儿童最初是通过图画认识这个世界的。童书不仅有价值熏陶的作用，还有治愈的作用，孩子要解决什么问题，都有相应的图书，看了之后比说一万句教训的话都有用。

儿童时期一旦养成了阅读的习惯，今后会主动找书读书。我认为阅读是有"胃口"的，一开始让孩子吃"肯德基""麦当劳"，慢慢地，其他东西就不爱吃了，他只对"肯德基""麦当劳"感兴趣，他不知道世界上还有其他好东西。读书也是这样，读了一些糟糕的书，对其他的好书就没有鉴赏力了。甄别图书，也是父母的责任与义务。

孩子处于青春期，父母对孩子阅读的介入方式是不一样的，需要在读书的艺术上，即如何阅读和阅读什么方面给予中肯的建议。若自己的阅读视野与阅读水平非常有限，而不能给予孩子恰适的专业指导，建议可以多带着孩子出入图书馆、聆听一些专家讲座，和孩子一起阅读、一起进步。在阅读这件事情上，家长要有长期陪跑、共同进步的意识。

许多新教育的优秀教师为此担任了萤火虫义工，立足教室，全力推动阅读，又将优秀的阅读经验通过新教育萤火虫分站活动向家庭、向社会传播，改良的不仅是学校教育和家庭教育，还从更大范围内对提升全民阅读起到了直接而重要的作用。

你的朋友：朱永新
2016 年 4 月 22 日，北京滴石斋

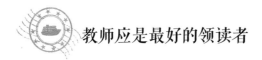# 教师应是最好的领读者

朱老师：

这些年，您一直在努力推动"阅读社会"的建设，想必您是认同"教师要成为阅读推广人"的说法的。那么，您觉得教师应该怎么做、怎么自我培养，才能成为一个善于引导和促进学生、家长一起阅读的"阅读推广人"？（余国）

余老师：

你好。谢谢你这个很有意义的问题。我们新教育实验的梦想之一，就是想通过营造书香校园的努力，为建设书香社会作出我们自己的贡献。

我一直认为，在建设书香社会的过程中，有三个人群特别重要。一是父母，二是教师，三是领导干部。父母之所以特别重要，是因为家庭是真正的人的摇篮，父母是孩子最重要的首任老师，亲子共读是点燃孩子阅读热情最有效的方法。领导干部之所以特别重要，是因为领导干部的视野与胸怀直接影响到全社会所有工作的推进，而他们的视野、胸怀与阅读直接相关。同时，领导干部本身也是重要的阅读推广人，他们在言谈中、会议上推荐

的书籍，会影响和带动着全社会的阅读水平。教师之所以特别重要，是因为学校是播下阅读的种子最重要的地方，尤其中小学时期是阅读兴趣与能力形成最敏感的时期，教师是教孩子学会阅读最关键的引路人。

我非常认同"教师要成为阅读推广人"的说法。事实上，我认为阅读推广人就是"领读者"。具体来说，就是一方面在阅读上自己领先一步带头读起来，另一方面自己乐于读优秀的书，成为优秀的自己，引领更多人热爱阅读。成为一个真正的"领读者"，也就解决了你信中提出的问题。

首先，教师自己要成为一个真正的读书人，在阅读上自己领先一步带头读起来。我一直强调，一个人的精神发育史就是他的阅读史，一所没有阅读的学校永远不可能有真正的教育，而一名不读书的教师也很难培养出爱读书的学生。读书能够帮助教师拥有教育的智慧，新教育实验主张教师要有"吉祥三宝"——专业阅读，站在大师的肩膀上前行；专业写作，站在自己的肩膀上攀升；专业交往，站在团队的肩膀上飞翔。其中，专业阅读是最基础最关键的行动。那些最伟大的教育智慧和思想，就在那些最伟大的教育著作之中。读书还能够帮助教师拥有教育的理想和激情，新教育实验的教师成长理论，是职业认同和专业发展的"师之两翼"，阅读那些教育家的著作，不仅让我们更好地理解教育，也让我们更好地理解教师职业，理解人生意义，为我们寻找"自我镜像"与"生命原型"，帮助我们更好地面对职业倦怠。

有人认为，读书是语文老师的事情，甚至还有人认为，新教育实验不太重视科学教育，其实这完全是一种误解。我们一直认为，阅读不仅仅是语文老师的事情，更是所有学科老师的事情，所有的老师都应该成为"领读者"。新教育实验推荐的书目中，不仅有文学艺术的图书，有社会科学的图书，也有大量的自然科学图书。数学阅读与科学阅读是新教育阅读非常强调的内容，我们正在组织力量研制新教育的学科阅读书目，就是想在以往的阅读书目基础上，为不同的学科教师和学习不同学科的学生，提供一个参考的书目。

总而言之，教师本身要成为一个示范者，榜样就是最好的引领。你自己手不释卷，学生们才会嗜书如命。你自己享受阅读，学生们才能趣味盎然。

其次，教师要乐于阅读优秀的书、成为优秀的自己，引领更多人热爱阅读。领读者本身应该是一个优秀的读书人，懂得享受阅读的乐趣，懂得什么是好书，才能把这种享受和愉悦传导给学生，才能为学生们推荐最优秀的图书。所以，教师不应该越俎代庖，包揽学生阅读的所有活动，也不能把自己的阅读趣味、爱好强加给学生。教师不仅要自己带头阅读，更要成为阅读的组织者与领导者，及时与学生分享自己正在阅读的好书，讲述那些曾经影响过自己的好书，帮助学生建立各种各样的阅读俱乐部，开展丰富多彩的阅读活动。

除了师生共读之外，教师作为领读者，还可以推动亲子共读。新教育实验主张"共读共写共同生活"，我们认为，只有如此才能拥有共同的语言和密码，共同的价值和愿景。所以，新教育的老师，尤其是班主任，往往会定期给父母写便签和书信，推荐亲子共读的书目，把父母卷入与孩子一起读书的活动中来，这也是培养学生阅读兴趣的重要路径。

教师作为"领读者"，还有一个重要的方法，那就是教师自己的阅读共同体的构建。新教育实验强调的专业交往，其实就是希望教师能够以书籍为纽带，通过共同的阅读生活，共同的教研活动，一起与文本对话，一起与大师交流，一起切磋研讨，一起解决难题。如果在你的学校里暂时没有志同道合的读书人，你的视野不妨放到更为广阔的世界，我们新教育实验就搭建了不少这样的读书交流平台，如新教育种子计划，新教育网络师范学院等。最重要的，你应该在你自己的学校里努力去发现和培养同道中人。

有不少教师抱怨，自己周围没有阅读的氛围，一个人读书"好孤独"。其实，法国思想家马塞尔·普鲁斯特曾经说过："我相信就其本质而言，阅读是一个在全然的孤独之中，仍令人心满意足的沟通奇迹。"阅读，看似孤独，其实是置身在最丰富的精神世界之中。难怪古罗马的演说家加图说，他什么都不做的时候最活跃，他独自一人的时候最不孤独。

也有教师抱怨，自己实在太忙，根本没有时间阅读。我的观点是，最重要的事情，总是有时间的。相对而言，教师的职业比较辛苦，工作的时间也比较长，但教师毕竟还有那么多假期，而且每天的安排具有一定的自主性，挤出一点时间阅读，是完全能够做到的。

关键在于，我们要把阅读作为自己的生活方式，作为日常生活之必需。

所以，"领读者"就相当于一名优秀的导游，虽然不能代替游客去观赏风景，但他可以把游客引到名胜之中，同时他自己则每天都能尽情置身于名山大川之中，呼吸着最清澈的空气，享受着最动人的风光。

让我们一起享受阅读,做一个快乐的读书人,做一个称职的"领读者"!

你的朋友:朱永新

2016年5月28日晨,沈阳辽宁政协会馆

共读中静候花开的日子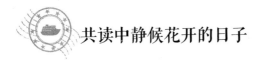

朱老师：

您在上一封信中提到，教师要做"领读者"。对于如何做好"领读者"，您有一个建议是"建设自己的阅读共同体"。当前，很多地方、学校都有自己的教师阅读共同体，比如区域性教师读书会、学校层面的教师阅读机制、教师个人发起的阅读组织等，可以说呈现出一个不错的势头。但在具体的操作过程中，也存在不少问题，如急于求成，认为做了几年就应该出成果；再如活动形式单一，导致一些本来就缺乏阅读习惯的教师很快就失去参与的兴趣；又如，没有和教师的实际需求相结合，使阅读活动在一些教师眼里成为一种负担；等等。对于这些问题，您是怎么看的？有什么适切的解决办法？（林明霞）

林老师：

谢谢你的来信。

的确，现在有越来越多的学校，越来越多的校长，越来越多的教师开始意识到阅读的重要性了。许多学校也都努力在建设各种各样的教师阅读共同体，但往往成效不大，原因也正如你分析的那样，有多个方面。

首先是急于求成的问题。作为校长，希望能够尽快看到阅读的成效，这种心情是可以理解的。作为教师，希望立竿见影地让阅读效果在自己的课堂上、学生的分数上显示出来，愿望也是可以理解的。问题在于，书籍不是灵丹妙药，今天一吃明天就恢复元气。台湾地区出版过一本书，书名我很喜欢——《阅读是一辈子的事》。如果我们真正相信阅读的力量，就要有足够的耐心，以阅读涵养心灵，静候花开的日子。

我一直说，阅读不能太功利化，关键是要让教师享受阅读的过程，把阅读作为一种生活方式，不刻意追求分数，但也不惧怕考试，成绩只是额外的奖赏。

2016年第5期《中国教育学刊》发表了李东琴博士的一项关于阅读的对比研究成果，发现以营造书香校园为主要特色的新教育实验学校，在与没有参加新教育实验的其他学校对比中，在阅读水平上有着显著的差异，尤其是在词汇辨析、语言理解、逻辑分析、自我认知等方面，新教育实验学校的成绩都要好于其他学校。而新教育教师的阅读专业化水平也是明显如此。

前不久我们在湖北随县召开了新教育实验区工作会议。随县从2011年参加新教育实验，把教师的专业阅读作为一项重要工作来抓。五年的时间，这个国家级贫困县的教育质量有了明显提升。随州大市2015年教学综合测评中，随县拿到了前30名中的23名，前10名中的7名。

其次是形式单一的问题。阅读本来是一件比较个体化的事情，每个人都有自己的阅读兴趣与重点。但是，作为学校，组织教师开展一些丰富多彩的阅读活动，对于调动教师的阅读积极性，增强教师的阅读能力，建立良好的校园阅读生态，是有着积极的意义的。

教师喜欢新颖的有创意的阅读活动。如邀请专家、作者到学校与老师面对面交流，邀请名师到学校分享自己在阅读中成长的故事，鼓励教师进入新教育网络师范学院等网络共同体中共读，开展阅读主题辩论大赛，教师亲子阅读经验交流，我最喜欢的一本教育理论书演讲活动，等等。

关键是，不要把这些活动变成完全由校长安排、教师被迫参加的"例行公事"，而要发挥教师"自组织"的作用。教师的创造力是无限的，他们自己设计、自己组织、自己参与的阅读活动，往往效果会更好。

再次是远离实际的问题。阅读不完全是为了解决当下的问题。特别是教师的专业阅读，在很大程度上是为了建构教师的合理的知识体系，形成正确的教育观念。但是，如果教师的日常阅读完全脱离了一线的教育生活，只是让他们去"啃读"那些艰深的教育理论著作，也会让他们觉得负担太重无法承受，从而失去阅读的兴趣。

所以，学校应该帮助教师自己制订阅读规划，在书目的选择上，既要有那些有一定理论高度和阅读难度的"根本书籍"，也要有一些亲切感人的教育传记和教师成长故事，班级管理与师生关系，教学艺术与学科进展等方面的书籍，还可以推荐一些优秀的文学作品等，也可以结合一些教育电影来读书，如《放牛班的春天》《蒙娜丽莎的微笑》，等等。还可以结合学校和班级的问题与教育现象进行主题性阅读，这种以问题为导向的阅读，可以不限于一两本书,教师会通过广泛的阅读和思考,全面对问题进行深入分析,从而更加认识阅读的价值与意义。这样,阅读就不是一种负担了。

许多教师都抱怨工作忙,没有时间读书。学者罗益强说过:"忙碌不是不读书的理由,没有从读书中得到乐趣,才是一个人不喜欢阅读的理由。"的确如此,重要的事情总是有时间的。喜欢的事情总是能够找到时间的。所以,忙碌,永远是不读书、不锻炼的借口。读书的乐趣,只有在读书中寻找,当读书成为一种生活方式,当读书成为习惯,自然就不会没有时间。

你的朋友:朱永新
2016 年 7 月 2 日晨,北京滴石斋

教师应有怎样的阅读结构

朱老师：

您一直提倡教师阅读。在您看来，在阅读结构上，教师群体和其他群体相比，应该有哪些特殊、特别之处？（林一帆）

林老师：

来信收到。关于教师阅读的问题，我有过多次演讲，也写过许多相关的文字。新教育实验把教师的专业阅读、专业写作、专业交往作为教师成长的"吉祥三宝"，阅读是三宝的第一宝，也是成长中最根本的基础。

从阅读来说，一方面，无论从事什么职业，无论加入什么群体，在不同中存在着相同，可以共同阅读许多基础图书。我们不妨把这一类图书称为共同的精神底色；另一方面，每个群体、每个职业，都有自己的特点、个性，阅读的结构会不一样，会有自己这个群体、这个职业的专业书目。

2010年新教育研究院成立了新阅读研究所，先后研制了中国幼儿基础阅读书目、中国小学生、初中生、高中生、大学生基础阅读书目和中国父母、公务员等不同人群的阅读书目。在此基础上，我们准备推出《中国人基础阅读书目》，就是希望这个书目成为中国人构建自己精神世界时的基础材料，成为我们共同的精神底色。美国著名的阅读名家赫希曾经撰写过一本《造就美国人：民主与我们的学校》的著作，他的核心知识体系就是推荐了那些曾经影响过美国人精神成长的伟大著作。

在理想状态下，不仅即将研制的《中国人基础阅读书目》应该成为教师阅读的基本组成部分，同时，当教师还是学生时，从幼儿、小学、中学到大学，当然也应该阅读相关阶段的各类书目。这些共同基础书目，如文学名著、人文经典、科学普及等，是教师和其他人群都可以也应该阅读的书，如《论语》《孟子》《理想国》《美的历程》《中国哲学简史》《唐诗三百首》《平凡的世界》《万物简史》等。一个民族的精神境界取决于这个民族的阅读水平，一个国家的精神高度也取决于这个国家的国民的阅读高度。所以，这些共同书目，就是奠定我们的精神底色的重要涂料。教师也不例外。

教师的职业特点和教师的专业要求，当然对教师阅读同时提出了特殊要求。新教育实验在教师成长方面提出了教师的职业认同与专业发展的理论，最核心的要义，就是希望教师能够成为一个不断追求卓越，通过专业阅读、专业写作、专业交往，实现专业自觉的人。所以，除了前面提到的共同精神底色，要成为优秀的教师，就要善于不断学习，广泛阅读，认真思考，形成自己的教育风格，在精神底色上，绘制出教育的精彩图画。

为此，我们即将发布精心研制数年的《中国中小学教师基础阅读书目》①。在这个书目中，不仅推出了相关研制报告，还推荐了100部图书。

简单来说，教师的阅读与其他职业和其他群体具有不同的特点，首先在于教师职业的性质。教师职业的对象是人，是处于特定发展阶段的人，所以，关于人的学问，关于研究人的身心发展的书籍，自然是教师首先应该认真去阅读的。苏霍姆林斯基曾经说过："教师的职业是一门研究人的学问，要长期不断地深入人的复杂的精神世界。在人的身上经常能发现新的东西，对新的东西感到惊奇，能看到形成过程中的人——这种出色的特点就是滋养教育工作才能的基础。"关于人的学问，最主要的集中在心理学方面，也就是说，人的认知、思维、情感、行为究竟是如何形成与发展的，儿童是如何认识世界的，不同年龄的学生具有怎样的心理特点……这些是作为教师应该明白的基本知识。与心理学关系十分密切的是脑科学与生理学。作为人的心理的物质基础，人的大脑是如何发育成长的，人的感觉知觉思维的生理基础等，也是教师应该关注的知识领域。

同时，每个人都是一个社会的人。家庭、学校和社会共同对学生与教师，以及学校生态产生深刻的影响。所以，了解一些社会学知识，尤其是关于家庭关系学、学校社会学、媒体传播学等方面知识，对于教师是十分必要的。教师应该关注家庭环境、社会氛围、大众媒介对于学生的影响，主动地利用包括父母在内的各种社会资源，做好家校合作共育这篇大文章，就必须了解相关

---

① 这个书目已于2017年研制完成并发布，收录在山西教育出版社出版的《中国中小学教师基础阅读书目·导赏手册》中。

的知识。

教育与教学本身是一门科学，也是一门艺术，是有其特殊的规律与方法的。有人曾经总结说："教育是事业，事业的意义在于奉献；教育是科学，科学的价值在于求真；教育是艺术，艺术的生命在于创新。"从学校应该开设什么课程，到课堂教学的效率，从教室环境的布置，到教育活动的设计，既有许多不确定性，又有许多操作性很强的具体方法，所以，课程论、教学论的著作，学校文化的书籍等，自然是作为一名教师应该阅读的。

在中小学，教师往往是某一门或者几门学科的科任老师。作为学科教师，熟悉所教学科的基本知识与技能，自然也是非常重要的。新教育实验呼吁教师应该成为所教学科的虔诚的传教士，就是要求教师应该掌握所担任学科的体系、基础、原理与方法。以数学老师为例，就不仅要懂得如何解决数学问题，还要了解数学发展的历史，数学文化与哲学，数学教学论，数学科普，数学家传记等，才能引导学生像数学家发现数学那样学习数学。所以，相关学科书目的研制工作，我们也正在推进之中。

许多人经常怀疑教师职业的专业性，认为教师不需要特别的知识与技能，就能够胜任工作。比如，没有受过专业教师培训的人，可能会比有教师专业背景的人课上得更好，更受学生的欢迎。就像教师不能当飞行员驾驶飞机，而一位飞行员却可以站上讲台。其实，这体现的恰恰是教师职业的复杂性与特殊性。飞行员面对的是机器，可以在学习中通过大量实习，在面对相同情况时，掌握固定的操作依据。即使如此，现实生活中仍然会发生各种险情。教师面对的学生，比飞行员面对的天气等各类情况，具有更大的不确定性。而教育学长期以来不重视案例研究，师范教育也不重视实践环节的训练,显得专业性相对不足。这是教育学本身和教师教育本身需要努力改进与提升的方向。正是在这一点上,教师注重阅读,注重专业阅读,才显得尤为重要。

我相信,通过这样有计划的阅读,有激情的行动,每一位教师都一定能够绘制出专属于教育的精美图画,那也将是专属于自己的幸福人生风景。

你的朋友:朱永新
2016 年 8 月 3 日,北京滴石斋

 办好师生的精神食堂

朱教授：

　　图书馆是推动阅读的重要条件。现在有越来越多的学校都意识到这个问题，不断加大图书馆（图书角）的建设投入，有的甚至专门为学生投建绘本馆或其他主题馆。对于这一现象、趋势，您是怎么看的？其中的哪些做法必须改进？如何发挥学校图书馆（图书角）的育人功能，您有什么好的建议？
（屠燕燕）

屠老师：

　　你提出了一个非常重要的问题。的确，中小学图书馆是推动阅读的重要场所，也是培养师生阅读兴趣、阅读能力与阅读习惯的重要阵地。由联合国教科文组织一般委员会1999年11月正式批准颁布的《中小学图书馆宣言》中明确提出，图书馆与教师共同合作，"可以使学生们在识字、阅读、学习、解决问题、信息和交流技能方面达到更高的水平"。而中小学图书馆提供的信息和理念，"对于在今天这个建立在信息知识基础上的社会中取得成功，是十分必要的。中小学图书馆使学生具有终身学习的技

能，发展其想象能力，使之能够作为一个有责任感的公民生存于世"。

正是由于中小学图书馆建设对于师生成长具有如此重要的作用，各地中小学加强图书馆的建设，包括你在信中介绍的许多学校不断加大图书馆（图书角）的建设投入，有的甚至专门为学生投建绘本馆或其他主题馆，也就在情理之中了。

我个人认为，中小学图书馆的建设，首先要解决的是基本图书配备的问题。这些年来，我利用调研、出差、考察、讲学的机会，看了数百家中小学图书馆，一个基本结论是：基本图书配备和师生需求之间存在一定的距离。我们耳熟能详的优秀童书，在不少中小学图书馆里几乎找不到踪影，而一些根本不适合孩子们读的书籍，却出现在书架上。某省的《中小学图书馆（室）推荐书目》中，竟然包括了《最新医院院长工作全书（上、中、下）》《下岗职工再就业指南》《消防工作人员手册》《临界》《甲醛生产》《降低不良品损失工作指南》等书籍。我无意中在某小学的图书馆里看到了关于如何谈恋爱、如何开公司赚钱的书籍。

基本图书配备的问题，一是由于我们许多地区教育行政部门采取低价中标的图书招标政策，导致出版社与书商把库存书低价推销，或者制作高定价低折扣的书籍进入学校；二是捐赠图书未经审核直接进入学校，而部分捐赠人只希望用最少的资金购买最多的书籍；三是我们没有精心研制一个权威性的国家中小学图书馆基本书目。所以，我认为当务之急是要组织力量研制发布国家推荐的中小学基础书目。根据不同学校的类型、规模，由国家相关部门组织或委托民间专业机构，认真研制、提供最基础的书目，作为中小学图书馆的基本书目。这是奠定师生精神根基的书目，由政府统一采购配送，不经过书商的中间环节。建立学校图书馆购书的公示制度，定期将学校采购的图书目录、价格、出版社、书商名单等信息公开，让社会监督。

图书馆里没有好书，就像人没有灵魂。为中小学图书馆选配优秀图书的问题，是一个非常重要的大问题，一方面国家要重视，组织专家研制和发布权威可靠的书目，另一方面学校也要发挥教师和学生、父母的作用，允许他们及时推荐优秀的图书，定期补充优秀图书。中小学图书馆应该是学校的精神文化中心，一座图书馆对学生的意义，绝不亚于一个多媒体教室或一个塑胶操场，何况图书馆成本更低。在许多农村家庭还不富裕、许多城市家庭还不重视或不懂得为孩子选好书的情况下，学校图书馆是孩子获得真正的好书、真正爱上阅读的唯一希望。这个问题是中小学图书馆建设的基础工程。

其次，中小学图书馆的管理人员是关键人物，应该选好、配好，充分发挥作用。我在国外和我国港台地区考察过许多图书馆，图书馆的馆长一般都是德高望重的专家和社会名流担任，图书馆一般都有一个负责选书购书的专家委员会，确保图书的品质。《中小学图书馆宣言》也明确规定："中小学图书馆馆员应当是有专业资格的工作人员，他们负责中小学图书馆的计划和管理，他们应有尽可能充足的工作人员的支持，与整个学校的其他成员共同工作，与公共图书馆和其他机构建立联系。""中小学图书馆馆员的角色，在国家法律和财政框架内，应根据学校的预算、课程和教学方法变化。在各个专业领域内，都有管理的知识域，如果中小学图书馆员开发和提供有效的中小学图书馆服务：信息资源、图书馆、信息管理和教学，这些知识将会是生动活泼的。""在一个发展的网络环境中，中小学图书馆员必须能胜任面对师生的不同的信息处理技术的计划和教学，因此他们必须不断地进行职业训练和提高自身。"

相对而言，我们的中小学图书馆真正懂得图书、懂得教育、懂得孩子的专家型图书馆人员太少。所以，应该充分重视中小学图书管理人员的配备问题，在缺乏专业人士的情况下，不妨参考海外的经验，由学校的优秀教师兼任图书馆馆长，适当减轻他们的教学工作量，让他们有足够的时间思考学校图书馆的建设。同时，注意培养和凝聚图书馆志愿者，吸引社区和校内的师生参与图书馆建设。

再次，中小学图书馆能否发挥好作用，在很大程度上取决于图书馆能不能开展丰富多彩、富有成效的活动。联合国教科文组织发布的《中小学图书馆宣言》就明确了中小学图书馆的主要目标和任务：如"支持和增强由学校的任务和课程体现出来的教育目标"，"发展和支持孩子们阅读、求知和终身利用图书馆的习惯和爱好"，"为在知识、理解、想象、娱乐方面创造和利用信息积累经验提供机会"，"向所有学生提供评估和利用各种形式、形态、媒介的信息的知识和实践技能，并且使他们即时了解社会成员间各种交流模式"，"提供获取本地、地区、国家和全球资源的途径，使学习者有接触各种各样的观念、经验和意见的机会"，"组织可促进文化和社会意识与敏感性的活动"，"与学生、教师、管理者和家长一起努力，完成学校的任务"，等等。这就要求中小学图书馆要能够主动配合相关学科教学，了解各学科学习的内容与进度，为师生准备相关的参考书籍；要帮助师生学会利用图书馆，包括如何查找资料、如何利用各种工具书、如何更加有效地利用现代技术手段搜索信息等。同时，开展新书推介会、读书交流会，组织读书会，以及建立班级图书馆分馆等，也是中小学图书馆必须主动开展的活动。至于中小学图书馆根据学校的特色和师生的需要，建立各种绘本馆和其他主题馆，应该根据学校的财力等而定。

阿根廷国家图书馆前馆长、著名作家博尔赫斯说过："如果有天堂，天堂应该是图书馆的模样！"这句话非常动人，但只强调了图书馆神圣的一面。另一方面，我希望图书馆是平凡的、朴素的、日常的，就像老师和学生每天都要去的食堂一样，图书馆应该是师生们的精神食堂。我希望我们的中小学图书馆真正建设为校园里最美丽、最温馨、最有吸引力的地方，当师生们在这里借书、读书，交流、分享，真正成为一个快乐的读书人，教育就真正成为一种幸福完整的生活。

你的朋友：朱永新
2016 年 8 月 28 日，北京滴石斋

擦亮每个日子，呵护每个生命

朱老师：

新教育实验又出新成果，即编撰了全套《新教育晨诵》，涵盖从幼儿园至高中，每学期一册，共二十六册，目前，从幼儿园至小学六年级上学期共七册已经正式出版。您是出于什么考虑来组织这套《新教育晨诵》的编撰的？对于青少年儿童的学习和成长，《新教育晨诵》可以起到什么作用？作为学校、教师，如何用好《新教育晨诵》？（赵振杰）

赵老师：

谢谢你关注《新教育晨诵》的出版。

今天是教师节，早晨我完成了给新教育老师的一封信《好学近乎知》，现在是晚上八点，我在书房里回复你的来信。

你提出了一个非常有意思的问题。每天清晨，在生命的黎明，我们应该让儿童吟诵什么？应该让儿童亲近哪些词句？如何咀嚼精神的芬芳？如何用最明亮的状态，开始新的学习探索？这是新教育人一直在思考和探索的问题。

早在2000年，新教育实验刚刚萌芽时，我们就组织团队编写、出版了《中华经典诵读本》和《英文名篇诵读本》，在湖塘桥中心小学等部分新教育实验学校，开始了新教育的晨诵实践。

2002年，昆山玉峰实验学校成为第一所新教育实验挂牌学校，我们正式推出"一条主线——诵读活动"，明确制定了实施方案：从低年段朗朗上口、通俗易懂的诗歌，到中年段难度适宜的诗词，再到高年段优秀古文和古代学者的哲理文章。这种遵循诗歌学习规律和儿童成长规律的诵读原则，迄今为止仍在遵循着。随着新教育实验学校从一所到五百多所、一千多所，全国各地实验学校的踏实践行，我们惊喜地发现，晨诵作为一种相对简单的教育手段，却产生了超乎预期的效果。这种反差，也激励着我们继续深入地投入相关研究。

2007年，在山西运城召开的新教育年会上，我们正式推出了"晨诵、午读、暮省"的新教育儿童生活方式课程。总结此前新教育晨诵经验，借鉴不同流派的晨诵技法，新教育晨诵开始以课程的形式在新教育学校广泛开展。

与此同时，晨诵的概念也被教育界、出版界广泛接受，晨诵课程开始在全国推广。现在，经过长达15年的酝酿，并结合千余所新教育实验学校的十多年的实践，《新教育晨诵》终于与大家见面了。

开展新教育晨诵，当然是因为儿童需要诗歌。儿童的语言，是诗的语言。著名儿童诗作家金波说："儿童是天生的诗人。"儿童几乎不需要太多的学习，就能够说出富有韵律、充满想象力的句子，草木飞禽，云雾雨雪，世间万物所有的风景，在儿童的眼里都是诗意盎然的。

诗歌的语言是最美的。诗歌的语言精练、含蓄、清新、富有韵律节奏感、想象力和感染力,而且好记好学,便于吟诵传唱。因为儿童语言发展的难度,远远低于发展音乐、绘画等其他技能的难度,儿童从诗歌诵读中所获得的滋养,从语言发展中所获得的提升,是全面又持久的。大量的相关调查已经显示,丰富词汇量是促进儿童智力发育的重要措施。

诗歌的形式是多种多样的。从最简单的童谣、儿歌、童诗,到唐诗宋词,再到现代诗、精美的散文诗,都是我们选择的范围。我们也选择了少量的中外经典如《论语》《孟子》《老子》《庄子》等,其实从表达的方式而言,它们都是用诗歌的语言,不仅默默提供着极其丰富的词汇,同时提供着极具个性的表达。正是因为诗歌语言的精致美丽,孔老夫子曾经对学生说过:不学诗,无以言。学习诗歌自然也是学习语言、淬炼语言最重要、最有效的方式。晨诵的过程,就是让师生进入诗的王国,感受诗歌的语言之美、意境之美和音韵之美的过程。

开展新教育晨诵,也是因为中国特别重视诗歌。诗歌是最中国的。古往今来,中国就是诗歌的国度。诗歌,是最能体现中国人的精神世界的一种表达方式。诗歌在中国,已经超出了简单的文学体裁,不仅与中国人的生活方式、生活态度有着密切的关系,与书法、中国文字、绘画、戏剧等中国文化也有着天然的联系,彼此促进、互相滋养着,而且对中国人的生活方式、生活态度产生了密切的影响。虽然我们不能说学会了诗歌就掌握了中国文化,但诗歌中承载的文化含量之重,是毋庸置疑的。我们完全可以说,一部诗歌史,也是一部丰富、凝练的中国文化史、中华文明史。

开展新教育晨诵的最重要原因,还在于我们正生活在一个特别需要诗歌的时代。越来越匆忙的生活节奏,让人们心灵越来越容易干涸。越来越强劲的网络洪流又催生了碎片化的表述方式,人们对待外部事物越来越难以静下心来、耐下心来。诗歌的外在形式,在不经意间吻合了当下人们所需要的简短、紧凑。诗歌的本质内容,又能在最短时间里直击人心,产生巨大的能量。诗歌所提供的新的角度,让人重新观照思考当下的物质生活,在重新诠释中,获得生活的价值,创造人生的意义。

所以,无论大人还是孩子,我们生活在当下,都需要用诗歌的力量,让我们共同"过一种幸福完整的教育生活",能够在现实的土壤上,找到一种诗意栖居的生活方式,从而创造幸福完整的人生。

新教育晨诵,是扎根于中国古代蒙学教育的优秀传统,汲取中外各教育流派的诵读技巧,进行突破式创新的现代课程,是一门有着先进教育理念、坚实理论基础、清晰知识框架的渗透式综合课程。在理念和操作上,新教育晨诵与中国古代蒙学、读经(经典诵读)运动、华德福的晨诵、一般诗歌教学等各类诵读活动,有着内容和形式上的诸多不同。

和传统晨诵相比,新教育晨诵有一个最大的特点:传统晨诵以诗为中心,新教育晨诵以人为中心。这是一个颠覆性的改变,是新教育晨诵课程的突破性创新。

正是这一教育主体的截然不同,从这一原点出发,传统晨诵和新教育晨诵,走出了两条渐行渐远的路。

因为以诗为中心,所以,无论是从传统晨诵中,还是从传统的诗歌教育中,随处都可以见到对诗歌的关注。从准确理解诗歌的字、词、句,到深入了解作者的生存状态,再到详细还原诗歌的创作背景……因为以诗为中心，在很多诗歌读本中，无论是教材还是诗集，我们都常常能够看到一个称为"赏析"的板块，这一重点内容的重要使命，就是欣赏和分析诗歌的内容与形式。这是以诗歌为主体必然发生的现象。以诗为中心，其实就是以知识为中心。几千年以来，人类习惯于在浩瀚的知识海洋里，不断汲取知识，不断学习成长，对这一模式已经习以为常，因此对"学海无涯苦作舟"的描述大加赞赏。

以人为中心，自然而然地，一切应该关照的是人，关照的是生命本身。因此，新教育晨诵秉承"以人为中心"这一根本理念，以此为出发点，以读者为主体，以满足生命的渴求为目标，以满足生活的需求为目标，从而有了细节上的无数调整。无论是结合不同情境下的不同诵诗，还是对诗歌内容进行的"编织"与"叩问"，无一不是以具体方法，细致入微地关照生命，关照心灵。在这样的晨诵中，诗歌的诵读不再是从外向内的灌输，而是读者心灵与所读诗歌发生的共振，是水乳交融的阅读。在这样的晨诵中，诵读的诗歌不仅属于作者，属于过去，同时属于读者，属于现在。当读者发自内心地诵读一首诗歌时，这首诗歌就成为读者的再创造，就成为读者内心向外涌现的甘泉。

为了实现"以人为中心"的目标，我们对新教育晨诵课程的开展，制定了四大原则。一是吻合儿童的身心发展。从幼儿小学阶段的自我与世界、初中阶段的青春与友谊、高中阶段的理想与人生，诗歌的内容紧密围绕儿童在不同时期的心灵需求进行选择。二是吻合诗歌的学习特点。从儿歌、童谣到童诗，从白话文到古文，从五言到七言，从单一内涵到多重内涵，以及谜语诗、藏头诗等不同诗歌形式，注重诗歌的从易到难。三是吻合生活的情境变化。根据四季的转换、气候的改变、各类节日庆典等不同情境，进行主题的安排与诗歌的选择。四是吻合学校的学习节律。未入学时的向往期、新入学的适应期、每年开学的激励期、毕业阶段的告别期等不同的学习时期，进行不同角度的引导。

《新教育晨诵》强调让诗歌"擦亮每个日子，呵护每个生命"。在音乐、美术营造的意境中，通过诵读经典的诗歌，丰盈当下的生命，促使人们形成积极的感悟，激发生活的热情，调整心态，健全心智，在日积月累中积淀人文底蕴，帮助人们从容应对生活的诱惑与压力，创造出幸福、明亮的精神状态。

同时，《新教育晨诵》还对每首晨诵诗进行"思与行"的设计。通过诗歌解读叩问读者，激发读者与自身生命联系思考，将诗歌与读者进行编织，让诗歌真正深度滋养心灵。另外，本套书运用新媒体技术，可扫码下载 APP，尊享音频、精美课件、公开课视频，让读者获得全新体验。这套晨诵还设计了家庭亲子晨诵的内容，适合学校与家庭使用。

希望有更多的教室从晨诵开始新的一天，希望有更多的老师用诗歌擦亮每个日子！

你的朋友：朱永新
2016 年 9 月 10 日教师节，北京滴石斋

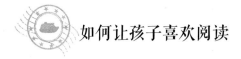 ## 如何让孩子喜欢阅读

朱老师：

当下，许多父母已经意识到了阅读的重要性，但在鼓励孩子阅读上却经常采用一些不恰当的做法，比如有家长告诉我，他们会用看电视、打游戏、吃肯德基和麦当劳等为"诱饵"，鼓励孩子读书。我觉得这样做不是很合适。但不可否认的是，一部分孩子确实不能做到自觉阅读、主动阅读。对于以上问题，您是怎么看的？可以怎样来解决？（程度）

程老师：

来信收到。的确，正如你说的那样，许多父母已经开始认识到阅读对于孩子成长的意义，意识到阅读对于人的一生发展的意义，但是，往往采取各种威逼利诱的错误方法让孩子阅读。其实，威逼利诱的方法不仅无济于事，而且往往是有着培养阅读习惯的良好目的，最后却让孩子形成了看电视、打游戏、吃肯德基和麦当劳这样的坏习惯。正可谓，播下的是龙种，收获的却是跳蚤。

为什么孩子不喜欢阅读？最重要的原因可能是我们没有选对

书。没有孩子是天生不喜欢阅读的。恰恰相反，绝大部分孩子是喜欢阅读的，喜欢听故事的，喜欢翻阅那些他们喜欢的书籍的。关键是我们能否找到此时此地最适合他们的图书。我们在研制《中国幼儿基础阅读书目》时曾经提出过"儿童中心""故事中心"和"绘本中心"的主张，就是希望把那些最能够满足儿童的好奇心、求知欲和想象力，充满趣味、智慧、情感和真善美的书籍给孩子。不同年龄发展阶段的孩子，不同个性特点的孩子，不同性别的孩子，可能会对不同的图书感兴趣。你把《红楼梦》推荐给本身就没有养成阅读习惯的小学生，肯定不合适。所以，老师和父母不妨注意观察孩子的阅读口味，首先寻找最适合他们阅读的那些书。在这方面，新教育研究院已经研制了从幼儿园到小学、初中、高中的基础阅读书目，并且出版了相应的导赏手册。这些书是经过专家反复遴选的，属于"好吃，又有营养"的书籍。

在选对书以后，与孩子一起读书就显得非常重要了。再好的书，你简单扔给孩子去读，是很难让他们产生兴趣的。亲子共读是培养孩子阅读兴趣最有效的路径，也就是说，阅读的大门，也是需要父母的大手牵着孩子的小手一起进入的。

在这方面，新教育实验也作了许多有益的探索。新教育有一个非常重要的理念：共读共写共同生活。只有共同阅读，才能拥有共同的语言、共同的密码、共同的价值和共同的愿景，才能避免成为生活在同一屋檐下的陌生人。新教育的老师，经常通过书信、便签的方法给父母推荐亲子共读的图书，并且与父母一起分享他们的阅读心得。山东临淄的一位父亲因此和孩子一起读了许多书。这位父亲是当地一名企业家，在孩子上小学前，他基本上是一位"影子父亲"，晚上回家孩子已经睡觉了，早上孩子上学时他还在睡梦之中。因为新教育的亲子共读要求父亲不能够缺位,他和女儿开始了真正的阅读生活。走进阅读,他才发现了阅读的美丽,才找到了与女儿的共同语言。

创造良好的家庭阅读氛围,也是培养孩子阅读兴趣的重要路径。父母是孩子的老师,更是孩子的榜样。想让孩子阅读,父母首先就要做好阅读的榜样。优秀的父母一定是善于阅读、勤于学习的父母。北京第二书房的刘称莲就是这样一位母亲。她本来是一位中学教师。从怀孕开始,她就大量阅读教育的书籍,尤其是家庭教育的图书,从蒙台梭利、卢梭、苏霍姆林斯基到孙云晓、卢勤,并且先后参加了"家庭教育指导师""走进青春期工作坊"等多个培训班,自学了心理学、萨提亚等课程。她说,父母是一个特殊的职业,"一旦从事这个职业,就终生不能辞职,且要24小时全天候在岗,没有人领导却最不自由,看似没有规则却工序复杂,还充满了不可确定性"。所以,要想成为合格的父母,就需要不断学习。

优秀的父母不仅自己要阅读,为孩子做表率,而且要努力打造一个"书香门第",为孩子创造一个良好的阅读氛围,建设一个美好的精神家园。刘称莲认为,孩子都是喜欢读书的,因为他们对这个世界充满了好奇,而阅读正好可以满足他们这一天然的渴望。所以,"父母要做的只有两点:一是让孩子有书读,二是让孩子读到书"。在孩子上幼儿园的三年里,她每天给女儿读书。女儿上小学以后,她就买来许多带拼音的有趣的小学生读物,还有《米老鼠》等杂志,随意地放在女儿的写字桌上、床头,或者家里的饭桌和沙发上,目的就是引起女儿对书的注意,"诱惑"她去读书。女儿读中学以后,她为女儿买来大量名著,包括英文原版的《暮光之城》《吸血鬼日记》等，为女儿订阅了《读者》《中国国家地理》《青年文摘》《北京青年报》《博物》等一大批报刊，拓宽她的视野。即使在紧张的高三复习应考阶段，女儿的阅读也没有停止过。最后，女儿顺利拿到了北京大学和香港大学的录取通知书，她自己也撰写了《陪孩子走过小学六年》《陪孩子走过初中三年》和《陪孩子走过高中三年》等畅销书。"养成读书的习惯，等于在孩子的心里装了一台成长的发动机"，一位教育专家曾经说的一句话，成为刘称莲家庭教育的座右铭。

我一直认为，只要真正地认识到阅读的价值与意义，总能逐步找到有效的阅读方法。成年人如此，儿童也是如此。希望有越来越多的孩子喜欢上阅读，希望阅读成为中国家庭和学校最美丽的风景。

你的朋友：朱永新

2016 年 10 月 19 日晨，北京滴石斋

 读经与读诗

朱老师：

作为国学教育的一部分，很多学校开展了各种形式的儿童读经活动，对此，社会各界争论不断。我倒是很赞同儿童读古诗、小诗，因为诗歌与儿童的心灵更为靠近，儿童的语言都是诗一样的语言。所谓"经"，是不是离儿童太远了？对于儿童读经，您是怎么看的？（程曦）

程老师：

你的来信提出了一个非常重要的问题——读经与读诗。

首先来看看读经的问题。这里所说的读经，有一个约定俗成的解释——读国学经典。这些年来，儿童读经一直是一个非常热门的话题，也是部分父母和老师推崇的教育样态。自从王财贵先生发起儿童读经运动至今，读经学堂在全国各地雨后春笋般地建立，甚至有许多少年儿童离开体制内的学校，进入读经学堂求学。尽管争议不断，仁者见仁智者见智，但仍然有不少人是读经运动的拥趸。

主张儿童读经的人，主要理由有二：一是经典承载着中国文

化的根本精神，有助于把孩子培养成为有圣贤气象的人；二是经典学习需要"童子功"，儿童时期的记忆力特别卓越，记得快而且记得牢，可以终身受用。

反对儿童读经的人，也有两条主要理由：一是圣贤不是教出来的，而是在学习的过程中成长起来的，读经与培养圣贤无关；二是读经不符合儿童身心发展特点，让儿童枯燥读经是违反人性的行为。

那么，究竟应该如何看待儿童读经的问题呢？

首先，不能够用读经取代读经典。我曾经反复说过，儿童的秘密我们远远没有发现，童书的价值我们远远没有认识。这里说的童书，就是指适合儿童看的那些最伟大的经典。毫无疑问，这些经典应该包括《三字经》《论语》《孟子》《老子》等中国传统文化的经典，但也应该甚至更应该包括《猜猜我有多爱你》《草房子》《夏洛的网》等现代经典。古代的读经，是挑选了那个时代人类的重要著作。今天当然不能局限在那几本少数的儒家经典之中。

其次，不能够只强调背诵不重视理解。儿童的确具有很强的专注学习与博闻强记能力，让儿童在早期背诵一些经典也无可非议。但是，让儿童整本背诵他们无法理解的《论语》《老子》《公羊传》《易经》等，既不符合儿童的身心发展规律，也不符合现代社会对人的知识结构的要求。古代的读经很大程度是为了应付科举考试，即使当时不理解，日后也可以像牛反刍一样受益。现代社会则没有这样的需求，也没有这样的条件了。有的古代经典中有值得学习的部分，也有封建思想的糟粕，背诵更是毫无益处。

再次，不能够只读经不问窗外事。读经不能够走火入魔，不能够"一心只读圣贤书,两耳不闻窗外事"。尤其儿童时期是身心发展的关键时期,需要游戏,需要戏剧,需要运动,需要走进大自然,需要去博物馆,需要探索,自由与舒展才是儿童生命本来应有的姿态。毕竟,我们的教育不需要把所有的孩子都培养成为国学专家,而是要让每个孩子成为自己。学校本来应该成为美好事物汇聚的中心,让每个孩子从中发现自己,成就自己。其实,即使在崇尚读经的古代教育,也不是只读经书的,而是囊括了礼、乐、射、御、书、数("六艺")等多种门类。

从某种意义上讲,读经其实是对读经典的一种误解。懂得教育常识的人都应该明白,我们应该倡导的是读经典。所读的经典里,包括读经,也包括读诗。问题只是在于,如何挑选适合儿童身心发展需要的经和诗。

金波老师曾经说过:"儿童是天生的诗人。"儿童几乎不需要太多的学习,就能够说出富有韵律、充满想象力的句子,草木飞禽,云雾雨雪,世间万物,在儿童的眼里都是诗意盎然的。正如你说的那样,因为诗歌与儿童的心灵更为靠近,儿童的语言都是诗一样的语言。但是在中文的发展过程中,有着古文和白话文的区别,在古诗的选择上就要注意符合儿童认知的问题。

当然,哪怕在白话文中,真正的诗歌,当然超越了一般的儿童语言。有人称诗歌是"艺术中的艺术,文学中的文学",原因之一就是诗歌语言之美。诗歌的语言精练、含蓄,富有韵律感、想象力和感染力,好记好学,便于吟诵传唱。因为儿童语言发展的难度,远远低于发展音乐、绘画等其他技能的难度,儿童从诗歌诵读中所获得的滋养,从语言发展中所获得的提升,是全面又持久的。

大量的相关调查显示，丰富词汇量是促进儿童智力发育的重要原因。学习诗歌自然也是积累词汇、淬炼语言最重要最有效的方式。儿童的"诗性"是生命灵性的一种展现。诗歌王国中，不仅在语言之美、意境之美和音韵之美上，诗歌超过了其他文学体裁，同时，经典诗歌擅长用鲜活的意象、丰沛的情感，帮助读者超越生活，把读者带入感同身受的另一种境界。儿童在感悟中所朦胧思考到的哲理，将在漫长的岁月中逐渐清晰，将在行动中悄悄发挥作用。所以，让儿童在人生起步的时光里，与美好的诗歌以正确的方式相遇，会在儿童心中播下诗意的种子，会在潜移默化中鼓舞儿童创造诗意的人生。

其实，在新教育实验的探索中，早就已经把读经、读诗有效地结合起来，又配合着一些简单有效的读法，编织成为一门生动活泼又有逻辑结构的新教育晨诵课程。正是在16年的实践过程中，发现从浩瀚的经典中去甄别、选择合适的经与诗，需要消耗大量精力，我们最近才专门选编出版了《新教育晨诵》系列丛书，无论是简洁的童谣童诗、精美的唐诗宋词，还是中外的现代诗，以及一些经典著作如《论语》《孟子》《老子》《庄子》等，按照学生的不同发展阶段精心选择。这些最美的华章，最震撼心灵的文字，根据儿童的成长规律、生活节律等原则层层递进，自然更符合儿童的认知特点。

在国学教育中，根据儿童身心成长的规律，挑选最适宜儿童当下的经典进行阅读，是我们的主张。

你的朋友：朱永新

2016年11月22日晨，北京滴石斋

好活动让好书鲜活起来

朱老师：

现在都在推动书香校园建设，组织各种读书活动，请问读书活动真的能够促进阅读吗？最能促进阅读的活动是什么呢？（王简）

王老师：

很高兴收到你的来信。很高兴越来越多的学校致力于书香校园建设。

我曾经说过，书香校园建设需要六大载体，即环境载体、物质载体、活动载体、组织载体、课堂载体、评价载体。

环境载体让校园文化或班级文化通过各种事物外显；物质载体是各类图书在图书角、藏书架上呈现；组织载体是一群人通过共同阅读而成为成长共同体；课堂载体是通过阅读课程进行深度有序推进；评价载体是通过激励进一步促进提高。丰富多彩、行之有效的活动载体，也是六大载体之一。

读书没有活动，是很难真正进行的。

比如说，我们让学生为名著配插图，发挥孩子的想象力为名著画出插图来，学校里搞插图大赛，把美术教育活动和读书结合起来；为名著配音，每个学生选中三段他最欣赏的名言名句，每个人录5～10分钟，到班级里播放，孩子们听到自己的声音、听到同学的声音非常精彩；举办最喜欢的图书人物卡通大赛；最喜欢的人物扮演，在校园内游行；和作家面对面，把原作者请到学校来和学生面对面交流。这些活动，都可以提高学生对阅读的兴趣，加深对图书的理解。

新教育还有一个每学期排练生命叙事剧的做法，也是一种效果非常突出的阅读活动。生命叙事剧即根据不同年龄段的身心特点和阅读能力，在共读适宜当下的经典书籍后，所有学生融入每个人的生命体验，把自我个性、当下生活投射到共读书籍之中，并因此而争鸣、共鸣、创编、排练、演出一部戏剧。生命叙事剧不同于一般意义上的戏剧，它是个体生命与文学艺术作品的高度融合，本质上有着截然不同的特性：第一，这里的戏剧所演出的内容，必须来自每个学期的共读书目，因此从语文学科的角度来看，它是一种深度阅读。第二，戏剧中的角色确定，以学生的生命出发而不是戏剧的需要出发，并且以教室为单位，强调每个学生都必须登台演出。第三，戏剧的时间是以学期为阶段，每学期一个剧目。而且一般安排在班级叙事和生命颁奖的活动之后。因此它最关注的是每个学生在戏剧之中的生命呈现，其排练是从共读该书开始，其后的竞选角色、道具制作等都是叙事内容，最后的演出既是以戏剧进行全班学生的生命呈现，也是每学期每间教室在期末庆典中不可或缺的重要组成部分。

还有的举行图书交流活动，比如有一所学校搞了一个感动系列的活动，就是让每个老师、每个学生，大家推荐一本曾经感动过自己的书，陈列在学校的图书架上，并且这个图书架在广场上，不用办任何借阅手续，每个人在自己推荐的书的扉页上要写上这本书感动自己的理由，为什么把它推荐给大家，让感动过自己的书再去感动更多的人。

我到他们学校去，专门为他们写了一句话："心中有理想，校园满书香。"当我去参观的时候，书架上的书不多了。校长不大好意思，说："朱老师，你看书不多了，都被学生借走了。"我说："你不要不好意思，假如说书都在书架上未必是好事，书架是不需要感动的，人需要感动，当书不和人的眼睛接触、不和人的心灵接触的时候，书不是书而是废品。书只有和人的眼睛、和人的心灵接触的时候，它才变成了书。所以，书，只有被阅读的时候，它才有价值。书架上的书全被借光了才好呢，假如这样，说明书还不够，学校还可以再配，哪些书借得多，你就配得越多。"

校长还说，他担心这些书能不能回来，因为不需要任何手续就可以拿走阅读，要是学生拿回家不拿回来怎么办？我说，你不用担心，全当你送给大家几本，一本书能够影响一个人，这是这本书的幸福，也是学校的幸福。很可能，今天你的学生把一本书拿回家了（我们不说是偷回家了），是因为他非常喜爱这本书，今后他有钱了，说不定就会捐你一个图书馆，因为他当年曾经拿了你一本书。不是没有这种可能的，对不对？（这算是一所贵族学校，学生都出自富裕家庭。）当然，要加强教育，还可以鼓励学生捐更多的书到学校。

其实，很多实验学校的校长和老师说，在推动阅读中有一个最现实的问题是，书也有了，时间也安排了，环境都创造好了，但孩子们不爱读、总觉得没有时间读。这就得通过各种各样切合实际的活动，去推动孩子读书。没有谁是天生爱读书的，也没有谁是永远不爱读书的。读书的兴趣需要培养，要从孩子们最喜欢的书开始，用各种各样的活动去感染他们、打动他们，让他们慢慢养成读书的习惯。一旦孩子养成了读书的习惯，你的教育就成功了。而且，这样的孩子，他有阅读的终生需求，一旦他爱上了读书，你不让他读书都做不到。

总之，好的阅读活动，能够让好书鲜活起来，能够进入我们的生活，打动我们的心灵。所谓好的阅读活动，并没有一定之规，形式可以各种各样。只要能够结合自身的情况和特点，因地制宜，能够激发阅读兴趣、加深阅读理解，就是好的阅读活动。

祝你能够举办属于自己的最好的阅读活动，让自己和学生们一起享受阅读！

你的朋友：朱永新

2016年12月17日，北京滴石斋

让孩子们在最适宜的年龄拥抱最合适的经典

朱老师：

有一种观点认为，中国四大古典名著不适合孩子阅读。比如前不久北京大学考试研究院院长秦春华先生在《中国青年报》刊文指出，四大名著对孩子可能产生不好的影响，其依据是《水浒传》里满是打家劫舍，落草为寇，占山为王；《三国演义》中充斥了阴谋诡计，权术心机，尔虞我诈；《西游记》中有浓重的佛教色彩；《红楼梦》中"色""空""幻""灭"的主题对于孩子来说，要么不理解，要么理解了会影响他们对未来生活的预期。对此，您是怎么看的？（程度）

程度老师：

你好。感谢你再一次来信。

我也注意到了北京大学考试研究院院长秦春华在《中国青年报》发表的文章，以及随后引起的关于四大名著是否适合孩子阅读的大讨论。

这是一个非常值得关注的话题。其实，也是我们在新教育实验的研究中早就遇到的一个难题。2010年前后，新教育研院新阅读研究所在研制中国中小学基础阅读书目时，专家组对这个问题进行了热烈的讨论。最后，在我们研制的书目中，小学中年级段推荐了图画书《武松打虎》和《孙悟空在我们村里》，小学高年级推荐了《西游记》，初中阶段推荐了《水浒传》《三国演义》，高中阶段推荐了《红楼梦》。

我们之所以这样做，是基于以下几点考虑。

第一，经典之所以是经典，是因为它们承载的文化价值总的来说体现了真善美的标准。真善美是所有民族在生活实践中的基本度量衡，也是每个人在成长过程中具有基础意义的安身立命之本。在中外历史上，能够穿越时空隧道大浪淘沙积淀流传下来的经典，一般都是具备真善美的品质。四大名著虽然有一些不符合现代社会价值的封建糟粕，也有一些不适合儿童的血腥场面，但总的来说是健康的，深刻的，符合真善美的基本价值观要求的。正如有人曾经指出的那样：《水浒传》里不仅有打家劫舍，落草为寇，更有肝胆相照，忠义相守；《三国演义》里不仅有权术心机，尔虞我诈，更有大江东去，光风霁月；《西游记》不只是有"修持""菩提""元神""禅心"，不只是蕴含着浓重的佛教色彩，更有团结协作、不惧艰险、共克时艰的乐观主义精神；《红楼梦》不仅有悲情乃至关于性描写的段落，更有深刻的思想、精美的文字。

第二，让儿童尽早走进本民族的经典著作，也是世界各国的普遍做法。美国核心知识运动的发起人赫希教授，就把曾经影响美国人精神世界的重要著作，推荐给从幼儿园到高中各个阶段的学生。英国的教育行政部门提出，儿童在学前教育阶段（3—7岁），就要看、读、听一些莎士比亚故事，并且通过扮演人物和即兴表演来演出莎剧故事或者场景。在小学阶段,要观看和阅读莎剧的删节本,阅读、表演、讨论莎剧中的对话和演讲,在老师和艺术教育工作者指导下演莎剧,并到剧院看莎剧。在初中阶段,除了演莎剧,到剧院看莎剧,还要学习至少一部完整的莎剧,以数种戏剧手法探讨多部莎剧等。相对而言,我们对中华民族的优秀作品和戏剧的教育,还有很大的差距。他们并没有以莎剧中有不少尔虞我诈、暴力情杀等内容为由,不让孩子走近莎士比亚。

第三,儿童的眼光与成人是不同的,经典的阅读是需要成人指导的,儿童的阅读是需要成人陪伴的,应该从儿童的兴趣出发,对阅读的过程进行引导。蒙台梭利说过:"儿童是成人之父。"儿童的伟大,在于用一双没有遭受污染的眼睛看这个世界,用一个没有任何功利的大脑在思考这个世界。所以,儿童看《西游记》,会接触到禅心佛教,但是会更关注孙悟空的本领,关心那根神奇的金箍棒,关心孙悟空如何打妖怪,关心大大咧咧、好玩贪吃的猪八戒。儿童看《三国演义》,会接触到尔虞我诈的计谋,但是会更关心英雄的故事,战争的惊险,诸葛亮的聪明智谋,以及"桃园结义""舌战群儒""草船借箭"等生动精彩的场面。儿童看《水浒传》,会接触到打家劫舍、占山为王,但是会更关心武松打虎的英雄豪情。

新教育实验倡导"共读共写共同生活"的理念,我们认为,只有共同的阅读才能拥有共同的语言、共同的生活密码。师生之间、父子之间、母子之间,整个学校与家庭的语言有了书中的人物、书中的故事、书中的理念,那样的生活才是真正意义上的共同生活;师生之间与亲子间才不是生活在同一个屋檐下的陌生人。"一千个读者就有一千个哈姆雷特"。每个人在阅读经典时看到的东西是不一样的，同一个人在不同的时期阅读经典时也有不一样的心得，所以，问题的关键不是要不要让孩子读经典，而是如何与孩子一起读经典，如何指导孩子读经典。

在主张应该让中小学生尽早接触经典，借鉴英国教育行政部门让孩子接触莎士比亚的做法的情况下，与此同时，我们对于什么类型、什么内容的经典，推荐给什么年龄的儿童，经过了研究，从浅显的普及开始，从孩子最喜欢的《西游记》开始，让孩子走进四大名著。我们主张，在基础教育阶段，中小学生应该根据身心发展，根据认知规律，尽可能早地走进经典，以正确的方法，阅读这些代表中国文化传统与精神的著作。

你的朋友：朱永新

2017年1月15日，北京滴石斋

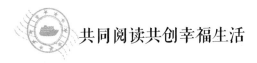 **共同阅读共创幸福生活**

朱老师:

您一直关注共同阅读,认为个别阅读是"一个人在战斗",共同阅读是集体智慧的碰撞、团队精神的体现。这个共同阅读主要指的是建构共同的阅读对象,还是指共同的阅读时间和阅读方法?学校、教师推动共同阅读需要注意什么?(罗晶)

罗老师:

来信收到。你的来信谈到了新教育实验的一个重要理念:共读共写共同生活。

新教育认为,只有读同一本书的人,才能真正拥有关于这本书的共同密码、共同语言。只有共同阅读了一些拥有共同文化基因的书,才能真正拥有这个文化的密码、语言、价值与愿景。共同的阅读,让读这些书的人真正生活在一起。所以,阅读是建立文化自信,建立精神家园最有效的方式之一。

阅读虽然是个体的行为,但绝不仅仅是个人的事情。共同阅读无论是对于个人成长,还是对于团队发展,对于共同体的形成，都具有特别重要的意义与价值。

心理学有许多关于"共作效应"的著名实验，证明大家一起做同样的事情，当事人的作业绩效会有所提高。如心理学家特里普利特让40个儿童尽量快速地摇动转轴绕线，一组是两两结伴绕线，一组是个人单独绕线，结果发现前者的效率明显高于后者。不仅是儿童，成年人也是如此。另外一位心理学家奥尔波特在哈佛大学也做过一项经典实验。他让成年被试者完成包括系列词语联想、元音字母删除、可逆观点、乘法运算、疑难解答、判断气味和重量等各种任务，结果发现，除了疑难解答和判断实验外，群体作业均比个人单独作业的成绩要好。他把这一现象称为"社会促进"（social facilitation）。其实，全民阅读活动，正是一种最有效的社会促进阅读。

在教育中，共同阅读的社会促进也是非常明显的。你信中谈到的共同阅读的三个方面，共同的阅读对象、共同的阅读时间和阅读方法，都是非常重要的。

首先是共同的阅读主体。一般来说，亲子共读、师生共读、师师共读、生生共读、家校共读是最重要的几种共同的阅读主体形式。

亲子共读，就是父母与孩子共读。在许多新教育的学校里，老师会定期推荐亲子共读书籍，有些推荐给母亲与孩子共读，有些推荐给父亲与孩子共读。决不能把亲子共读变成母子共读。

师生共读，就是教师与孩子共读。尤其是每学期生命叙事剧的经典、全班同学共读的书籍，一般需要教师参与其中。

师师共读，就是全体教师（全校，或者年级组、学科组）围绕一个主题或者一本书开展的共读。一般由校长或者年级组长、学科组长安排。

生生共读，一般是以班级为单位进行，特殊情况下也可以全校学生共同阅读。新教育实验的晨诵、午读、暮省，其中的午读往往是以生生共读为主。一般围绕新教育研制的《中国中小学生基础阅读书目》中的基础书目展开。

家校共读，就是家庭与学校的成员，围绕某个主题或者某本书籍进行的阅读活动。

其次是共同的阅读对象。共同的阅读对象，指的是共同阅读的内容。读什么，从来是阅读最重要的问题。我们的精神高度是由我们的阅读高度造就的。现在中小学阅读中存在的很大问题，就在于缺乏系统的阅读计划，是一种无序、自发的阅读，许多暴力的、惊悚的、恐怖的、无聊的书籍进入了中小学生的阅读世界，真正的好书没有被阅读。而且，中小学的学科阅读也非常薄弱，阅读成为语文学科的代名词。所以，新教育实验为从幼儿、小学、初中、高中，到教师、父母等各种人群的阅读提供了一个基础性书目，目前正在研制中小学学科阅读书目，希望能够为中小学师生等提供一个可靠的阅读参考书目。

再次是共同的阅读时间。阅读时间总体是因人而异的。但是，共同阅读的意义，就在于它应该有一些共同阅读的时间。如生生共读，我们经常是利用中午的"午读"时间，也可以利用专门的阅读课时间来共同阅读、讨论、交流对于某本书的观点。教师的共读，可以采取轮流讲读的方式集体阅读，而亲子共读，则可以利用睡前时间或者周末休息的时间进行。

最后是共同的阅读方法。共同阅读的方法很多。对同一本书，进行默读、讲读、领读（导读），举行分角色朗读，邀请作者分享型阅读，读书交流会、读书辩论会、续写故事会等，丰富多彩的共同阅读，会进一步增强学生的阅读兴趣，让阅读更轻松活泼。

其实，阅读本身是充满着创造性的。共同阅读是相对于个体阅读而言的，是一种阅读形式上的有益补充，并没有什么固定不变的模式，这需要学校和老师们创造性地开展各种形式多样、充满挑战性和趣味性的阅读活动，真正地让阅读成为人们的生活方式，助力我们过一种幸福完整的教育生活。

你的朋友：朱永新
2017 年 3 月 19 日，北京滴石斋

学科阅读是彰显学科魅力的最佳路径

朱老师：

您说"中小学的学科阅读非常薄弱，阅读成为语文学科的代名词"，对此，我深有同感。作为一名数学教师，我一直在尝试带着学生进行数学学科阅读，比如读科学家、数学家的故事，读一些数学公式、定理背后的故事，读数学史上的趣事，等等。学生总体上是很喜欢的，这也有利于促进他们的数学学习。不过，学生的时间、精力毕竟有限。也许，和语文学科、其他学科的阅读结合起来，进行跨学科的阅读，是一种比较合适的方式。在这里想请教您的是，如何做好数学学科阅读和跨学科阅读？（林中路）

林老师：

来信收到。你的来信谈到了中小学阅读中的一个非常重要的问题——学科阅读。

从目前的情况来看，阅读的重要性已经为越来越多的人认识，营造书香校园也成为许多学校的自觉行动。但是，从中小学生的阅读内容来看，仍然存在不少问题，阅读的"偏食"情况仍然比较严重。

一方面,中小学生的阅读过于随意,低质量的阅读浪费了很多时间;另一方面,教科书中的精选学科内容,因为学生缺乏相关的学科阅读,缺乏学科背景知识积累,导致学习无法深入,因为教师缺乏相关的学科阅读指导和有效的建议,不仅使学生的阅读变得低效,更使自己在教学中无法组织丰富的课程资源,教学缺少源头活水。

所以,在今年"两会"上,我就这个问题提交了相关的提案。我在提案中说,目前的中小学生的阅读有着明显的语文学科倾向,大量其他学科阅读被忽视,不利于提高中小学生的综合素质。

学科阅读在中小学生成长的过程中具有不可替代的重要作用。

首先,学科阅读能够激发学生学科学习的好奇心与求知欲。问号就是打开未知世界的钥匙。爱迪生说,"惊奇就是科学的种子"。对于中小学生而言,走进大自然、博物馆探索科学的奥秘当然很重要,但由于时间、空间、物力、财力和人的感觉能力的限制,很难以一己之力对世界进行全面的、直接的感受。因此,通过学科阅读,借助各个学科科学家、艺术家的慧眼,阅读他们的著作,我们可以看到一个新的世界。如读法拉第《蜡烛的故事》和法布尔的《昆虫记》,我们会惊喜地发现习以为常的事物竟那么多的奥妙;读霍金的《时间简史》和《果壳中的宇宙》,我们会想象自己畅游在粒子、生命和星体之间;读《蓝色星球》《地球动脉》等,我们也会对奔涌的河流、雄壮的山脉、幽深的洞穴、冰雪的世界、蔚蓝的海洋、苍茫的沙漠、奇幻的丛林、浩瀚的草原产生好奇与敬畏。再以你熟悉的数学学科来说,《2的平方根:关于一个数与一个数列的对话》《数学圈》(全三册)等,也都是让我们畅游数学世界的优秀学科书籍。一本书,就是我们打开一个学科的一扇窗,走进一个学科的一张入场券。

其次,学科阅读能够帮助学生寻找人生榜样,科学确立志向。学科阅读不仅包括读各个学科的科学普及著作和相关文献,也包括阅读各个学科的先贤和大师的人物传记。对于中小学生来说,阅读一些科学家、艺术家等各类人物的传记是非常重要的。按照新教育实验的生命叙事理论,每个人都是自己生命故事的主人翁,也是自己生命故事的作者。能否把自己的生命写成一部伟大的传奇,在很大程度上取决于我们能否为自己寻找生命的原型,人生的榜样。

1910年诺贝尔物理学奖获得者范德瓦尔斯就是一位善于向英雄学习的物理学巨匠。他家境贫寒,小学毕业后便到一家印刷厂当了学徒。这个时候,他读到了欧洲大思想家莱顿的故事。莱顿的故居距离他家不远,莱顿同样也是家境贫苦,甚至没上过学。为什么莱顿能,自己不能呢?于是他也开始了自己艰苦的自修历程。每当自己压力大的时候,他就跑到市中心去瞻仰伟人的雕塑,汲取生命成长的力量。

无论是海伦·凯勒的故事,还是伽利略、牛顿、居里夫人、爱因斯坦,还是马克思、毕加索、华罗庚、袁隆平、姚明,一旦学生与那些不同学科的伟大人物相遇,就有可能为自己的生命找到原型,从而确立起人生的志向。

再次,学科阅读能够推进学生拓展学科视野,理解学科本质。中小学学科学习的主要材料是教科书和教辅书。教科书只是对学科的基本知识和成果进行综合归纳与系统阐述，具有全面、系统、准确的特征。但是，教科书只是学科的"压缩饼干"，由于篇幅的限制，提纲挈领，可读性不是很强。要真正理解教科书，拓宽知识面，把握学科的本质，学科阅读就显得非常重要。

因改进核磁共振技术而获得1991年诺贝尔化学奖的恩斯特博士，在自传中曾经讲述了自己从中学时代开始通过学科阅读而拓展学术视野的故事。在大学读书时，他很快就对20世纪50年代瑞士联邦理工学院所教的化学课程失望，因为"学校要求学生必须背诵数不清的事实或结论，甚至有些事实或结论是教授都不理解的"。但是，真正的学科阅读帮助他仍然保持着对于科学研究的兴趣，他"还是像在高中一样，继续通过阅读来获得一些像样的化学知识"。通过学科阅读，他从S·格莱斯顿的《理论化学》中学习了很多知识，这些书籍向他"展示了在课堂上从来没有提到过的量子力学、光谱学、统计力学和统计热力学"。

总而言之，学科阅读对于中小学生具有特别重要的不可替代的重要作用。在中小学生的精神成长中，特别需要精神养分搭配全面的、成体系的阅读产品，无论是数学、科学乃至音乐、美术等不同学科，都需要借助阅读这一抓手，才能实现学科学习的深入有效，才能实现学科与学科之间的彼此融合，举一反三。

至于你说的阅读时间问题，我一直认为，重要的事情总是有时间的，关键是真正认识到学科阅读的意义。磨刀不误砍柴工，学科阅读比机械地重复练习更能够提高学业成绩，是已经被大量案例证明的事实。我在建议中也提出，要通过媒体、教育部门加强对学科阅读的宣传，让中小学了解到学科阅读的重要性，认识到学科阅读是走进学科本质的最佳路径，从而主动进行相关探索。要组织团结更多的社会力量和专家，吸引社会各界注意，广泛参与，为学科阅读体系的建立添砖加瓦。通过调动更多人参与到学科阅读的研究和推广中来，既是集思广益的过程，又是推广全民阅读工作基础上的深化和细化。

学科阅读的关键是选好书目。我们新教育研究院新阅读研究所已经启动中小学学科书目的研制工作，按照中小学的不同学科，系统研制各个学科的基础阅读书目和延展阅读书目，争取早日建成完善的全覆盖的学科阅读体系。为中小学学科阅读提供一个"专业地图"。

当然，这个地图，如果没有学科老师对于学科阅读的热爱，是很难真正发挥作用的。所以，学科阅读的关键还是所有的科任老师应该成为真正的"领读者"。学科阅读从科任老师开始，跨学科阅读更是从科任老师的本职和兴趣开始，这正是开展学科阅读和跨学科阅读的关键所在。

期待你能够在数学阅读和跨学科阅读上，取得新的突破。

你的朋友：朱永新

2017年4月23日下午，广东

阅读是永无止境的探索

朱老师:

您是国家新闻出版行政部门特聘的"全民阅读形象代言人"。作为教育学者和公众人物,您怎么看待这个特殊的身份?您又是通过哪些途径和方式,来为"全民阅读"代言的?(林木舟)

林老师:

来信收到。

五年前,在中央电视台举办的大型电视晚会《2012·书香中国》上,我与白岩松、王刚一起,从时任国家新闻出版总署署长柳斌杰的手中,接过了"全民阅读形象代言人"的聘书。

虽然我有着许多的职务与头衔,但是"全民阅读形象代言人"这个身份的确有些特殊,也让我格外看重。因为我清楚地知道阅读是教育最重要的基石,知道阅读对于一个人成长的价值,知道推动全民真正喜爱阅读,对于一个国家发展的意义。

作为代言,首先当然要从自身做起。我发起的新教育实验,其诞生的直接起因,就是一颗心被阅读点燃的过程:1999年年底,《管理大师德鲁克》一书中的那句"仅仅凭自己的著作流芳百世是不够的,除非你能够改变和影响人们的生活",深深震撼了我。在那之后,我开始走出书斋,不仅走到了基础教育第一线,也逐渐走到了阅读推广的第一线。无论工作多繁忙,也无论是否出差在外,每天早晨五点半开始的阅读、写作,和每段旅途中必然携带准备阅读的各种书籍,都是雷打不动的。

为阅读代言,当然还要推己及人。这些年来,我一直没有停止过阅读推广。

从 1993 年,我开始担任苏州大学教务处处长开始,我就采用推荐书目等方式,在全校推动阅读。当时还推出了一个本科四年读 20 本世界名著、考试合格者才准予毕业的制度。

1995 年,我组织了一批国内的专家学者,开始研制中小学生、大学生及教师的各类书目。

2002 年,新教育实验在苏州昆山玉峰实验学校正式起航。这个实验一开始就推出了"六大行动",位于六大行动之首的是营造书香校园。我对我的新教育同仁说,即使新教育其他事情什么都没有做,能够真正把阅读做好,能够通过学校的阅读来撬动全社会的阅读,它的贡献也非常了不起。

2003 年,我当选为全国政协委员。在这一年的"两会"上,我正式提出了建立国家阅读节的提案。同时,提出了新教育关于阅读的几个主要主张——一个人的精神发育史就是他的阅读史,一个民族的精神境界取决于这个民族的阅读水平,一个没有阅读的学校永远也不可能有真正的教育,一个书香充盈的城市才能成为真正的家园。

从这一年开始,无论担任全国政协常委还是担任全国人大常委,我从未放弃过对阅读的呼吁,我们的新教育团队,也从未放弃对阅读的研究、实践与推广。

2005年,我们推出了"新世纪教育文库",发布了小学生书目、中学生书目、大学生书目和教师书目100种。

2007年,我们在山西运城召开了新教育实验第七届研讨会,会议的主题是"共读、共写、共同生活"。以"毛虫与蝴蝶"儿童阶梯阅读和"晨诵、午读、暮省"的儿童生活方式为基础的新教育儿童课程在会议上正式亮相,第一批以推广儿童阅读为特色的新教育榜样教师在会议上分享了他们的成长故事。

2010年9月,新阅读研究所在北京成立,我领衔主持的中国人阅读书目先后推出了面向幼儿、小学、初中、高中、教师、父母、企业家等不同群体的基础阅读书目,受到了社会的广泛好评,其中幼儿书目和小学生书目被曹文轩教授等称为"中国最好的儿童阅读书目"。我们主持的中国中小学学科阅读书目的研制工作也已启动,将陆续发布。

2011年11月,新教育亲子共读中心在北京成立,后更名为新父母研究所。以推广亲子共读为主要任务的新父母研究所先后在全国30多个城市建立了"萤火虫工作站",一共汇聚了近三万名父母。以"点亮自己,照亮他人"为宗旨的萤火虫精神,帮助数万父母、孩子点亮了阅读的心灯。

2012年1月,《人民日报》用难得的大篇幅发表了我的长文《改变,从阅读开始》。与此同时,整合我多年思考的《我的阅读观》一书由中国人民大学出版社正式出版。更让我自豪的是:这一年,中央电视台举行全国十大读书少年评选,海选产生的30个候选人中来自新教育实验学校的孩子占17个,最后获奖的"十大少年"中,新教育的孩子有6个。阅读,让这些孩子的生命变得美好,孩子,将让我们的世界变得美好!来自新疆的初中生赛普丁说:"朱老师说一个人的精神发育史就是他的阅读史,我要说,我的阅读史就是改变我自己的家族和民族的历史!"

2016年9月28日,新阅读研究所在国家图书馆举行了首届"领读者大会",成立了由全国阅读推广机构和推广人组成的"领读者联盟",用民间的方式进一步推进全民阅读。

2017年3月,我担任主编的"新阅读译丛"首批图书《造就美国人:民主与我们的学校》等正式出版,这套文库计划陆续引进国外阅读方面的理论研究与实践探索的优秀著作,为国内全民阅读提供借鉴。

这些年来,每到一所学校,我总要尽可能地考察图书馆,查看其中的藏书。2015年我专门给刘延东副总理写信,反映中小学图书馆图书采购和藏书的问题,提出要"办好中小学生的精神食堂"。

从2003年"两会"开始,一直到今年,我连续15年在全国人大和全国政协呼吁设立"国家阅读节",把全民阅读作为国家战略,建立国家阅读基金,成立国家阅读推广委员会,加强社区图书馆建设,把农家书屋建在村小,给实体书店免税,国家领导人带头做阅读的模范,打击盗版、繁荣网络文学、规范中小学图书馆图书采购和招标……几十个关于阅读的提案建议,记录着我这些年为阅读的鼓与呼。

15年过去了,虽然国家阅读节的提案暂时没有成为现实,但时光从不辜负任何真诚的努力。我与新教育同仁、与诸多阅读推广的行动者们一起欣慰地看到,阅读的理念已经被更多的人接受，全民阅读的氛围越来越浓厚，阅读率连续下降的趋势也得到遏制。据不完全统计，全国已有400多个城市设立了城市读书节，如苏州、深圳等地的读书节已经发展成为城市的重要文化活动。许多城市和学校也像我们所提议的那样，把每年的9月28日孔子诞辰日作为自己的阅读日或开展阅读节活动的时间。

而在新教育实验学校，书香校园早已成为一道美丽的风景。比如湖北省随州市随县于2011年成为新教育实验区，以书香校园建设为抓手不断推进，教育质量在随州市逐步崭露头角并步入前列：中考文化课总分优秀率和平均分，全市排名前10位的学校，随县均占据8席；排名前20位的学校，随县均有16所，全县23所初中校全部进入排名前30位。再如安徽省六安市霍邱县新教育实验区，通过参与新教育实验，通过书香校园建设，外出读书的孩子纷纷回到了家乡。类似这样的新教育实验区域、学校、个人的阅读故事及所取得的成绩，还有很多很多。

记得在2012年年底的时候，《中国新闻出版报》评选了四个推动阅读的年度机构和年度人物。我担任名誉所长的新阅读研究所和我本人都榜上有名。其中，给我的致敬词是这样写的："从央视全民阅读晚会现场到全民阅读形象代言人，到以一己之力推动新阅读的朱永新怀着激情、循着理想行走在新教育实验和阅读推广的道路上。通过倡导'晨诵、午读、暮省'的阅读生活方式，他使中国教育充满活力。毋庸置疑的是，在过去的十年里，朱永新一直站立在中国阅读推广的精神之巅。"

《中国新闻出版报》没有搞任何形式的颁奖活动，甚至没有通知新阅读研究所和我本人。我是在事后多天偶然翻到12月28日出版的报纸，才得知这个消息。对于他们的鼓励，我心存感激。但是，说我以"一己之力"或者说我个人"站立在中国阅读推广的精神之巅"，是不符合实际的。因为如果没有新教育同仁的共同努力，没有政府、媒体和同行者的共同努力，任何个人都难有真正的作为。但是，让自己感到欣慰的是，这些年来，我一直认真努力地践行"全民阅读形象代言人"的职责，从未懈怠。国家正在以前所未有的力度推动阅读，这让我们振奋。就个人而言，阅读意味着一生的学习和成长，这是永无止境的探索，我会和大家一起继续前行。

你的朋友：朱永新

2017年5月18日，北京滴石斋

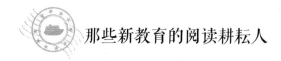# 那些新教育的阅读耕耘人

朱老师：

我相信，新教育实验的贡献将随着时间的推移和社会的进步而日益彰显，人们将越来越清楚地看到，新教育实验对改变中小学课堂生活、改进教师发展方式和改善中国教育生态的价值与意义。其中一点就是，参与新教育实验的教师中，涌现了大批的"领读者"。能不能请您介绍几位优秀的"领读者"，谈谈他们是怎样成为"领读者"和怎样做"领读者"的？
（林语天）

林老师：

来信收到。非常感谢你对于新教育的信任和肯定。

的确如此，17年以来，新教育以"过一种幸福完整的教育生活"为宗旨，通过营造书香校园等十大行动，以及晨诵、午读、暮省，教师专业阅读等项目，为改变中小学课堂生活、改进教师成长方式和改善中国教育生态做了一点小小的工作。在参与新教育实验的过程中，也的确如你所说，涌现出了大批优秀的"领读者"。从2005年到2017年，每一年《中国教育报》评选的

"年度推动读书十大人物",都有新教育"领读者"的身影。这些老师能够在全国1500余万的教师队伍中脱颖而出,的确非常不易。

大家都知道,现在基础教育阶段,女老师居多。正是因为有一大批女老师,同时也是孩子妈妈的她们在接触到新教育实验后,被新教育丰富的阅读课程吸引,特别惊喜,希望把这些优秀的图书带给自己的孩子。于是,她们不仅带给了自己的孩子,还带给了教室里更多的孩子。所以,在新教育实验有个特别的现象:一般情况下,老师不愿意教自己的孩子,担心教不好;但是几乎所有的新教育老师,都更愿意把自己的孩子放在自己的教室里,就是因为她们清晰地意识到,通过阅读,父母和孩子、老师和学生可以在一起更好地成长。她们自然也就成为最积极、最忠实的"领读者"。

张硕果老师就是这样。她是焦作市教科所的老师,也是焦作市新教育实验的负责人。她是新教育在焦作的第一粒种子,坚持十年,带动了一个地区的老师和父母。她遇到新教育之前,孩子在读小学二年级,孩子对她说:"妈妈,我不想读书。"她非常震惊。走进新教育之后,就带动孩子的班主任作为第一批新教育实验老师。如今,厌学的孩子成长为一名全面发展的名校高中生,张硕果也在这个过程中坚持阅读,阅读范畴从各种童书到各类教育专著,并成长为新教育骨干。

江苏省海门市东洲小学特级教师吴建英,不仅是一位倡导阅读的校长,也是一位很有经验的"整本书共读"的专家。

她的经验是,首先要为孩子选好书。在《中国小学生基础阅读书目》的基础上,她们学校构建了一至六年级整本书校本课程体系。

其次，努力打造独具特色的阅读生态。除了校园里设有形式多样的书吧、书亭、书站外，每学期都要举行一届"阅读文化节"，开展作家面对面、班级读书会展示、童手写童心、我为名著写书评、书本剧表演、诗词诵读会等精彩纷呈的系列读书活动，为儿童搭建展示读书成果的平台。日常开展"你讲我听""持续默读""主题阅读""学科阅读"等活动。学校每周开设一节共读课，师生每月共同精读一本经典，独创了整本书阅读的"导读—推进—延伸"三步曲的模式。

再次，通过设计《共读手册》和《阅读评价手册》详细指导儿童阅读整本书。全方位挖掘书中的语言、人文、美学等价值，设计相配套的形式灵活的阅读指导与练习。给学生发"阅读奖章"，通过阅读挑战、星级评比，引领学生以持久的热情拾级而上，挑战自我。她把自己关于整本书共读的理论与实践写成了《给孩子们上的阅读课》，后来正式出版。

江苏淮安市天津路小学的王艳老师作为新教育电影课项目组的副组长，所研发的"光影阅读"课程，有效地把新教育电影课与阅读结合起来，取得了很好的效果。她把"光影阅读"课程分为三种类型。一是"常规光影阅读课程"，即通过组织观看由名著改编的电影，将单一、平面化的文字阅读转化为生动、直观、形象的立体化阅读。2016年，她就带领全年级438名孩子共同阅读了《长袜子皮皮》《查理和巧克力工厂》等一批名著，同时观看了由名著改编的电影。二是"生活光影阅读课程"，即通过选择与生活相关的影片、书籍，有机链接起阅读和生活，让孩子们的知识、生活、生命产生共鸣。如2015年2月10日—3月13日的"书香寒假，共读共行"活动，她组织父母利用假日将阅读、电影、旅行、生活随笔四者有机融合。三是"主题光影阅读课程"，即以主题的形式引导孩子们观影、阅读、研讨；将读与思有机结合，提高孩子的深度阅读、思考的能力，同时整合多门学科，提高各个学科老师的参与度。课程开设不到两年，在全区教学质量突击性抽测中，他们年级10个班摘取了两个第一：语文平均分全区第一，语数外三门综合评定第一。

还有一位最为传奇的新教育阅读推广人叫郭明晓，新教育人都叫她"飓风大姐"。她一生扎根教室，在四川省宜宾市人民路小学工作近30年。郭老师在知天命之年开始投入新教育实验，辞去教导主任的职务，全力以赴投入新教育课程的研发和践行之中，成为新教育榜样教师。她的学生六年人均阅读量达到3000万字，晨诵诗歌1000多首、师生创作诗歌600多首。她把课外阅读和课内学习紧密结合，五年级下学期教材32篇课文，她就补充了23篇课外文章进行学习，学生们不仅热爱阅读，学习效率也大大提高。

2013年她退休之后，又把阅读的种子撒向全国各地。她通过微博、微信公众号带动至少50万人次阅读；她作过近100场的阅读讲座，其中许多进行了区域或全国性的直播，受众人数达30万人次；她亲自带领学校教师、周边教师、乡村教师、萤火虫义工、学生及父母们进行线上线下共读，达5万余人次；她通过网络授课和现场授课等方式，帮助约3万人次的教师掌握阅读推广的专业技术……

这些年来，飓风大姐也出版了两本专著。今年4月，她获评为《中国教育报》"推动读书十大人物"，最近又被评为2017年新教育年度人物。她的职业生涯，体现出一位教师的特点：教师职业生涯和阅读推广生涯，可以是完全重合的。作为一位一生扎根一线、扎根教室的普通老师，飓风大姐活出了一线老师的精神高度，只要老师们愿意，就可以像她一样，掀起推广阅读的飓风。

我的学生曾经从国外带给我《撒种人》一书的复印本。这本书讲述的故事发生在越南的一个贫穷破落的社区，街头暴力频频，居民冷漠无常。一个小女孩在家附近废弃的垃圾场开辟出一小块空地，种下了 6 颗利马豆。这个小小的举动被年长的安娜看到后，安娜也加入了撒种人的行列。随后，越来越多的社区居民在这块地上种下了自己的花果。在这里，人们开始热情交流、互相帮助，体会到了生命的感动与幸福。

我想，在阅读推广的道路上，努力在中国的一些空地上撒下阅读的种子，已经不错，但还是不够的。我们新教育人，更愿意做耕耘的人，不仅撒下种子，还要耐心地呵护、守候、照料，让越来越多的种子茁壮成长，一起把中国变成一个书香家园。

你的朋友：朱永新
2017 年 6 月 28 日，北京滴石斋

# 让校园充满书香

朱老师：

早在2000年前后，您就提出了"书香校园"的概念，新教育实验也把"营造书香校园"作为十大行动之首。如果要以"书香校园"来形容一所学校，那么，您觉得这所学校应该具有哪些不可或缺的特点？或者说，什么样的学校，会让您一眼就认出这是一个"书香校园"？（林一如）

一如老师：

谢谢你的问题。

的确，新教育实验从诞生之初，就一直对书香校园的建设给予特别的关注。这种关注基于我们对教育和阅读的深刻理解。我们一直认为，一所没有阅读的学校，永远不可能有真正的教育。2017年第7期《人民教育》杂志发表了一组九篇文章，全面介绍了新教育人在书香校园建设方面的理论与实践探索，有时间的话可以详细了解一下。

对于如何看出是否是"书香校园"的问题，其实，有经验的人都知道，看一所学校是不是"书香校园"，第一要看这所学

校的人有没有"书卷气",特别是校长有没有书卷气。书卷气是写在脸上、写在瞳孔里的。那种清澈明亮的眼神,那种对于未知世界的好奇,那种见到好书迫不及待翻阅的心情,通过表情是能够辨认的。书卷气也会锻造一种心态,会让人变得更儒雅、更从容,所以,书香校园首先要有一个真正爱读书、懂好书,能够及时为全校师生推荐好书、带领大家共读的校长。

第二,书香校园应该营造良好的阅读氛围。我们不主张学校里到处贴满不着边际的标语口号,但是恰到好处的提醒与宣示,为阅读创造一个好氛围还是必要的。在一所充满书香的校园中,通常在许多醒目的地方都可以看到关于阅读的名言警句。在一些新教育学校,甚至连一花一草一木都配上了新教育晨诵里的诗歌,整个学校的阅读氛围创造得很好,让校园处处有书香。

第三,书香校园应该打造良好的阅读环境,有一个藏书丰富而科学合理的图书馆。我在以前的信里曾经说过,学校图书馆就是师生的精神食堂,要把最美好的图书给最美丽的童年。书香校园必须解决"读什么"的关键问题,因为阅读的高度决定着精神的高度。为此,新阅读研究所研制了中国幼儿、小学生、初中生和高中生的基础阅读书目,未来还会进一步研制中小学图书馆基础书目,可以供学校图书馆选用。总之,要让学校图书馆的藏书有品质,学生的阅读才能高品质。特别要防止那些品质低下、不利于学生身心健康的书进入学校。为了提高学校藏书的阅读率,学校可以建一些开放的图书广场、图书角和班级图书柜。学校可以为图书广场和每个班级的图书柜配上适合这个年级的好书,如果学校没那么多钱买,可以引导、鼓励学生带两本好书,放在这个图书广场和班级图书柜里,定期更换,彼此分享和交流。这样,学校就是一个开放的大图书馆。

第四,书香校园应该有丰富多彩的阅读活动。阅读需要润物细无声的安静,也需要仪式、庆典、活动的唤醒和激励。尤其是对于小学生,丰富多彩、生动有趣的活动是非常必要的。新教育实验区和实验学校创造了许多颇具特色的阅读活动,如自制图画书、阅读大挑战、作家面对面、阅读真人秀、跳蚤大市场、"我最喜爱的一本书"主题演讲大赛、"我最喜爱的图书人物"形象巡演、"我最喜爱的书中名言"配音大赛等。还有学校做了一个活动叫"感动接力":让每一个学生、每一个教师推荐一本曾经感动过自己的书,写上这本书为什么感动了自己,然后把这本书捐给学校;学校做了一个长廊,专门陈列这些书,任何教师、学生都可以任意取架子上的书阅读,让曾经感动过一个人的书感动更多的人。只要用心去做,就一定能够结合学校的具体情况开展好活动。精彩阅读,创造精彩人生。

第五,书香校园应该有精彩纷呈的学科阅读。阅读兴趣和阅读能力的培养离不开语文学科。许多学校为此专门开设了阅读课,这对于阅读技能的养成,对于阅读行为习惯的训练,是非常重要的。但是,阅读不仅仅是语文学科的事情,所有学科都有阅读的任务,所有教师都应该热爱阅读。我一直认为,阅读是走进学科本质的最主要的路径之一。目前,新阅读研究所正在研制学科阅读书目,就是期望能够唤醒学科教师的阅读意识。在许多新教育实验学校,科学阅读、数学阅读、英文阅读等,已经开展得风生水起,对提高学科教学的质量起到了重要作用。

第六,书香校园应该发挥学校的文化中心功能,通过开展亲子共读、组织读书会等,带动全民阅读,促进书香社会的建设。

学校不是阅读的孤岛，通过营造书香校园建设书香社会，是推动全民阅读的必由之路。新教育实验的实践表明，以亲子共读为基础的家校合作共育，对于培养学生的阅读兴趣和阅读习惯具有重要的作用。要让孩子们静下心来阅读，就要想办法把父母们从电视机前、麻将桌边、手机和 iPad 上拉回来。亲子共读让父母与孩子有了共同的语言和密码，有了共同的价值观与愿景，对于改善家庭关系、形成良好家风也有积极的意义。学校可以开展家庭藏书秀、亲子阅读大赛、家庭阅读挑战等各种活动，激发父母的阅读兴趣。有条件的学校，还可以牵头成立各种读书会和读书俱乐部，让父母和其他社会人士深度参与学校的阅读活动。

当然，书香校园的建设还有其他一些环节。如有懂书爱书的图书管理员，能够配合各年级各学科的学习，为师生推荐合适的图书；组织班级共读和全校共读，协助师生选择合适的经典改编生命叙事剧；为有特殊阅读兴趣和需要的师生寻找书籍；有科学合理的阅读评价方法，对阅读能力进行评测和提升；开具有学校特点的必读书目等。

总之，阅读有方法，阅读无定法。一所普通学校，可以通过书香校园建设，焕发无限生机。一所充满书香的学校，可以百尺竿头更进一步，帮助那些阅读的种子早日破土而出，结出丰硕的果实。

你的朋友：朱永新

2017 年 7 月 29 日，北京滴石斋

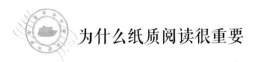# 为什么纸质阅读很重要

朱老师：

近日，您在接受中新网记者采访时强调，要"注重儿童纸质书籍阅读习惯的培养"，因为"纸质阅读有助于培养儿童的注意力和思考力"。我认为这是一个很重要的观点，也是一个很有意义的思考路径——将阅读和人的注意力、思考力的发展勾连起来。可能是采访时间的关系或篇幅的原因，从相关报道看，这个观点基本没有展开。利用这个机会，想请您谈谈，为什么"纸质阅读有助于培养儿童的注意力和思考力"？（林一如）

一如老师：

来信收到。这个观点是前不久我在江苏盐城作阅读的讲演，回答媒体提问时提出来的。由于时间限制，没有充分展开，非常高兴你的来信，让我有机会对这个问题具体阐发一下自己的思考。

首先需要说明的是，纸质阅读与网络阅读并不是水火不容的两种阅读。人类阅读的载体是不断变化、不断发展的，从最早的

摩崖石刻、结绳记事，到后来的竹简木刻、纸质图书，再到后来的电视电脑，阅读的形式与载体都发生了许多变化。

电视、电脑、移动终端等，不断把人们从传统阅读中拉走，电视的大屏、电脑的中屏和手机的小屏，让现代社会的阅读行为发生了深刻的变化。我曾经写过一篇文章《电视应该赎罪》，希望电视节目能够在黄金时间为阅读鼓与呼，把精彩的美文诗篇在黄金时段传播给观众。当然，那只是我的一厢情愿而已。

现在"低头族"已经成为社会的一道"风景线"，纸质阅读的危机也再次凸显。

网络阅读有其独特的功能和作用，不面对这个事实，就是掩耳盗铃。事实上，工具书的查阅，新闻资料的查找，已经离不开网络。快速及时、效率高、检索方便、成本低、携带方便，以及可以有效利用碎片化时间等特点，使网络阅读逐步成为许多人尤其是年轻人的生活方式。

但是，网络阅读也有其问题。最大的问题就是我在采访中提出的对于发展专注力和思考力的负面影响。

首先是对于专注力的影响。网络时代是一个"信息过剩而注意力稀缺"的时代，以网络为基础的当代经济的本质是"注意力经济"，在网络时代，最重要的资源是注意力。我们知道，无论是电脑还是手机等终端产品，屏幕呈现的内容往往跳跃性强，色彩鲜艳，会吸引和刺激人的眼球，分散人的注意力。网络的超级链接让我们在一篇又一篇文章之间、一个消息又一个消息之间应接不暇，每一次点击，其实都是一次注意力的中断与转移。我们在网络阅读的过程中，注意力不断处于亢奋或者疲倦的转换之中，对于发育不够成熟的儿童来说，注意力与意志力处在成长关键期，过早地进行网络阅读，显然不利于他们相关能力的培养。这也是许多国外中产阶级家庭不让孩子看电视、上网，甚至不让孩子接触 iPad 等电子产品的原因所在。

其次是对于思维力的影响。在网络时代，我们处在一个信息不断涌来的海洋之中。碎片化的信息，让我们的思维也变得碎片化。有价值的信息与无用的信息交杂在一起，可以把人淹没在信息的海洋之中。黑格尔曾经说过，在绝对的光明中与在绝对的黑暗中一样，什么也看不见。所以，我们需要厘清各种信息的真伪，需要过滤无用的信息，需要付出更多的处理信息的时间与精力。

我们知道，思维品质反映了人的智力或思维水平的差异，主要包括深刻性、灵活性、独创性、批判性、敏捷性和系统性六个方面。仅以深刻性为例谈谈我的观点。思维的深刻性，即思维活动的抽象程度和逻辑水平，涉及思维活动的广度、深度和难度。这是一个去粗取精、去伪存真，由此及彼、由表及里，抓住事物的本质与内在联系，发现事物的规律性的过程。这个理性的、冷静的、深入反刍的过程，需要集中才能突破。网络阅读容易向广度无限扩展，恰恰限制了"集中"，不是提高思维深刻性的最佳阅读环境。因此，网络阅读有其利也就有其弊，在某些方面会使思维发展受到限制。

当然，我不是说网络阅读或者移动终端的阅读、电子书的阅读不能够培养思维的深刻性，而是说与纸质阅读相比难度更大，不要说中小学生，就是一个正常的成年人，在网络面前，也很难抵制各种"标题党"和各种汹涌而来的信息的诱惑。对于成长中的中小学生，如果在阅读能力养成的关键时期，过早投入网络阅读之中，就更难养成专心致志的注意力、思维的深刻性等相关能力品质。

　　因此，在童年尽可能让孩子们养成纸质阅读的习惯与能力，在此基础上，再让他们了解和掌握网络阅读的方法，将网络作为一个有效的工具来使用，及时查询知识，了解新闻信息，并形成控制上网时间等良好习惯。这样的话，既能顺应发展，又能稳固根基。

你的朋友：朱永新
2017年8月13日，北京滴石斋

# 复活知识是优秀教师的标志

朱老师：

您在9月8日发表的文章《好老师是民族的希望》中说，"教师在拥有扎实学识的同时，更应该拥有复活知识的能力，在对学生们授之以鱼的过程中实现授之以渔的目标"。我觉得，这是一个非常重要的概念：复活知识。教师要形成"复活知识的能力"，可能有很多途径，专业阅读肯定是其中之一。那么，请您从专业阅读的角度，来谈一谈教师怎样获得"复活知识的能力"。（林依）

林老师：

来信收到。《好老师是民族的希望》原发于《中国教育报》。没有想到，这篇长文中的这句话引起了你的关注。

我们知道，所谓知识，主要是指人们在认识世界和改造世界的实践中所获得的认识与经验的总和。所谓复活知识，则是指不是把这些认识和经验原封不动地传授给学生，而是尽可能地为学生还原这些认识、经验发现和获得的过程。也就是说，复活知识，就是让知识还原到它最初被发现时的状态，让学生经历前人

当初发现知识时的过程,让学生主动发现知识,而不是被动记忆和接受知识。复活知识,是优秀教师应该具备的一种能力。因为只有具备这种能力的教师,才能自觉地引领学生去探索和发现,去创新和创造。

正如你在信中所说,教师复活知识的能力,与教师的专业阅读是分不开的。所谓专业阅读,是指基于教师专业发展的阅读,是教师在教育教学过程中直接作用于专业实践的自觉的阅读。新教育实验曾经提出教师专业发展的"三专"理论,即专业阅读、专业写作和专业交往。专业阅读是站在大师的肩膀上前行,专业写作是站在自己的肩膀上攀升,专业交往是站在团队的肩膀上飞翔。其中,专业阅读是基础,是纲,纲举才能目张。

为什么新教育实验在教师阅读上,特别推崇专业阅读?这是因为阅读同时具有共性和个性两种需求。一方面,无论从事什么职业,无论加入什么群体,在不同中存在着相同,可以共同阅读许多基础图书。这一类图书,我们称为共同的精神底色。这是教师在拓宽视野时需要关注的问题。但是,另一方面,每个群体、每个职业,都有自己的特点,阅读的结构会不一样,会有自己这个群体、这个职业的特殊之处。其中必然包含了专业阅读的要求。教师的职业特点和教师应该具备的专业素养,当然对教师的专业阅读提出了特殊要求。

教师的专业阅读对于教师的成长具有非常重要的意义。任何学科的教师,如果没有专业阅读的训练,没有相对成熟的专业素养,是难以真正承担起复活知识的重任的。因为复活知识的前提,是教师了解这个学科的发展历史、基本原理和方法,了解这个学科的文化基因、发展趋势和面临的挑战,能够把那些碎片化的知识通过一定的逻辑和体系整合起来。所以，我们研制了中国中小学教师基础阅读书目，从职业认同、专业发展、视野拓展三个方面，为教师自我整合知识，打下了复活知识的基础。在这个基础之上，正在研制分学科的中小学教师阅读书目。我们的梦想，就是能够为教师的成长提供一个可靠的专业发展"藏宝图"。

当然，我们说的专业阅读，本身也包括专业阅读的方法与路径。我觉得关键就是两个字——"专"与"问"。所谓"专"，就是能够专心致志地精读某一个领域的书籍。物理学家丁肇中先生只用五年多时间就获得了物理、数学双学士和物理学博士学位，并在40岁那一年获得了诺贝尔物理学奖。他在总结自己的成长经历时说："与物理无关的事情我从来不参与。"话可能有点偏激，但的确说明了"专"的重要性。教师的专业阅读需要由"浪漫期"进入"精确期"，"精确期"的阅读相对体现了这种"专"。美国管理学家托马斯·卡林经过研究发现："在任何一个领域里，只要持续不断地花六个月的时间进行阅读、学习和研究，就可以使一个人具备高于这一领域的平均水平的知识。"也就是说，只要我们坚持一定时间的专业阅读，完全可以在这个领域具有一定的水准。如果能够坚持不懈地进行长期的专业阅读，自然有可能成为这个专业领域的"小专家"。成为这样的"小专家"，无论是对于知识的整体把握，还是对于知识的逻辑关联的认识，都可以成竹在胸。

所谓"问"，就是能够在专业阅读的过程中提出问题。爱因斯坦曾经说："我没有什么特殊的才能，不过是喜欢刨根问底地追究问题罢了。"李政道博士在论治学之道时也说过，学问，学问，要学"问"。只学"答"，不学"问"，非"学问"。

也就是说，做学问，一定要先学会提出问题，自己能提问题，再经过自己的思考想问题，自己求得答案。这才是一种创造性思维，才能真正掌握学问，增长学问。知识复活的过程，往往需要对知识进行提炼概括和理性深化，这是加深对知识理解的重要环节，也是对知识进行融会贯通必不可少的思维过程。这个过程其实就是"问"的过程。

在专业阅读的过程中，善于提出问题，分析问题，自然就能够把握知识的源流和内在的关系。专业阅读中的提问，通常要解决三个"W"，即"是什么"（what）、"为什么"（why）、"怎么办"（how）三大问题。"是什么"的问题要搜集事实和认清事实，"为什么"的问题要解释事实，"怎么办"的问题要由认清事实而解决问题。

陶行知先生曾经把这三个基本问题进一步细化，介绍过提问的八种方法（"八贤"），即何事——什么事情，何故——事情发生的原因是什么，何人——事情涉及哪些人，何如——事情的来龙去脉，何时——事情发生在什么时间，何地——事情发生在什么地方，何去——事情会有怎样的结果，几何——事情的关键点在哪里。可以用思维导图或者"知识树"等方法来厘清问题、理清关系，在我们心中形成一个完整的体系，知识自然也就活了起来。

顾明远先生说："现代社会职业有一条铁的规律，即只有专业化才有社会地位，才能受到社会的尊重。"现在，教师的地位不高，与教师的专业化程度不高是有关的。而专业化程度不高，与教师相对缺少高品质的专业阅读，缺乏复活知识的能力有关。

美国教育界有一句流行的话：谷歌里有的东西，不需要教师在课堂里讲。这句话虽然有些绝对，但是，在信息时代，是特别值得我们咀嚼的。过去的时代，教师可以成为知识的"搬运工"，把死的知识从自己的脑袋里搬到学生的脑袋里，就完成了教学任务。到了知识大爆炸的今天，教师只有拥有复活知识的能力，让学生拥有活的知识，才能让学生掌握发现知识、运用知识的技能，才能让学生拥有创造新知识的本领。相信会有越来越多的教师，在复活知识的过程中，更深切地发现教育的价值和意义。

你的朋友：朱永新

2017年9月20日，北京滴石斋

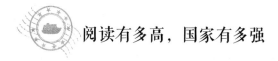
阅读有多高,国家有多强

朱老师:

如果说有"朱永新名言"的话,那么这可能是最著名的一句:"一个人的精神发育史就是他的阅读史,一个民族的精神境界取决于这个民族的阅读水平。"这句话不只是被教师广泛引用,很多媒体在有关全民阅读、书香社会建设的报道上也喜欢借之增强表达效果。很显然,您的这句"名言"戳中了这个时代的问题,也激活了这个时代的人们的思考和共识,所以才有如此多层面、大面积的呼应。那么,请您谈谈,这句话是在什么样的情况下第一次提出来的?它蕴含了您的什么思考和判断?当下您是否有新的阐释?(何方)

何老师:

谢谢你的来信。不能说什么"名言",只是这句话的确流传较为广泛,也是我自己比较喜欢的一句话。这些年来,由于一直在推广新教育实验,而"营造书香校园"是新教育的十大行动之首,对阅读的关注、思考也就相对多了一些。

"一个人的精神发育史就是他的阅读史,一个民族的精神境界取决于这个民族的阅读水平"这句话，是在什么情况下第一次提出来的，我已经记不清楚了。但是可以肯定地说，这句话本身也是经历了一个不断完善的过程。从2002年7月新教育第一所实验学校苏州昆山玉峰实验学校开始实践"营造书香校园"的行动时，我就在思考阅读对于个人、对于民族的意义与价值，并提出了这句话的最初版本。2002年12月29日，我在苏州金家坝、同里二小等第二批实验学校的授牌仪式上作了一次讲演，再次讲述了阅读对于个人精神发育和民族精神发展的意义。到了2003年3月的全国"两会"上，我在提交的《关于设立国家阅读节的提案》中明确写道："学习型社会怎么建立？我们的研究表明，最简单、最快捷、最有影响力、见效最快的方式应该是全民阅读。一个人的精神发育史实质上就是一个人的阅读史，而一个民族的精神境界，在很大程度上取决于全民族的阅读水平。"

没有想到，这句话一经提出，不仅成为新教育实验书香校园建设的重要理论依据，而且不胫而走，在教师中被广泛引用，也被各种媒体广泛传播。你在信中说，这句"名言""戳中了这个时代的问题，也激活了这个时代的人们的思考和共识，所以才有如此多层面、大面积的呼应"，是基本符合实际情况的。因为在本世纪初，阅读的意义和价值远远没有受到足够的重视。在应试教育的背景下，许多学校和父母对学生阅读关注不够。在许多人看来，阅读仅仅是语文学习的一种方式和活动，仅仅是为考试而作的准备。而我们关于阅读的解读，也谈阅读的作用，却是从阅读的深层功效上，明确指出阅读与每个人的精神世界的成长息息相关，与国家和民族的强盛紧密相连。

在论证这个观点时，我读到了费尔巴哈的一句名言：人是他自己食物的产物。无疑，这不仅仅是就身体而言的，人的精神更是如此。因此，我把人的精神发育与身体发育做了对比，发现有相似的地方，也有不同之处。相似的地方就是，人的身体和精神都需要营养，精神的营养主要就是通过阅读而获取的。吃什么，我们就会成为什么。读什么，我们往往也会成为什么。人的精神高度与阅读的高度密切相关。不同之处，就是身体的发育与遗传有很大的关系，我们的长相、我们的身体结构，乃至我们的某些生理疾病，可能与遗传都有一定关系，但是我们的精神发育，受遗传的影响相对较少。所以，后天的努力，特别是阅读，对于人的精神发育格外重要。

既然阅读对于个人的精神发育如此重要，那么，对于一个民族、一个国家究竟有什么作用呢？我考察了世界主要国家与主要民族的全民阅读状况，特别是对犹太人的阅读进行了研究，发现一个共同的现象：那些伟大的国家和民族，都是非常注重阅读的民族。正如《朗读手册》的作者说的那样，阅读是消灭无知、贫穷和绝望的终极武器。

正是基于这样的认识，新教育实验更加自觉地把"书香校园建设"作为十大行动之首，并且积极推进班级共读、亲子共读，研发了整本书共读、晨诵午读暮省、儿童阶梯阅读等课程，用书香校园建设推进书香社会的建设。同时，我们组织力量研制了《中国人基础阅读书目》，为幼儿、小学生、初中生、高中生、大学生、教师、父母、公务员、企业家九个群体推荐了基础书目，目前正在研制中小学的学科阅读书目。我们专门成立了新阅读研究所，发起了领读者联盟，召开了全国领读者大会等。

也正是基于这样的认识，我在担任全国政协委员和全国人大代表的 15 年间，先后提出了建立国家阅读节，把全民阅读作为国家战略，建立国家阅读基金，建立国家全民阅读指导委员会，加快全民阅读立法工作，加强公共图书馆建设与中小学图书馆馆配书目管理等一系列提案与建议，为推进全民阅读鼓与呼。

17 年来，新教育实验的探索也证明，我们关于阅读的思考是具有前瞻性的，也是能够解决中国教育面临的诸多现实问题的。2016 年，美国休斯敦学区教育研究人员叶仁敏博士对新教育实验学校与非新教育实验学校的学生阅读能力、阅读兴趣和阅读习惯，以及对学校的归属感等进行了量化研究，发现新教育实验学校的学生明显优于非新教育实验学校。前不久北京大学出版社专门出版了他们的研究报告《行动的力量——新教育实验实证研究》。另外，江苏海门、湖北随县、安徽霍邱等全国一大批新教育实验区和实验学校也以优异的成绩表明，以阅读为抓手的书香校园建设对于区域教育品质的提升具有非常重要的作用。

阅读有多高，国家就有多强。国家是由一个个人组成的，更是由一个个人建设的。我们每一个人的阅读高度决定了我们精神的高度，也就决定了教育的兴衰和国家的强弱。现在，教育处在一个大变革的前夜，互联网、人工智能、大数据等科学技术的发展也给教育带来了新的挑战。但是，教育是育人，针对人的精神发育，总有一些永恒的事物无法取代，阅读就是育人最重要的方式。在任何时代，那些最有智慧的人，总是最善于阅读的人。那些最伟大的学校，一定也是最重视阅读的学校。

你信中谈到的这句话，是我关于阅读的系统思考中的一部分。"一个人的精神发育史就是他的阅读史"是从一个人的成长来说的，"一个民族的精神境界取决于这个民族的阅读水平"是从一个民族的崛起而言的。此外，从教育的角度来说，我讲过"一所没有阅读的学校，永远不可能有真正的教育"；从城市的角度来说，我讲过"一个书香充盈的城市才能成为美丽的精神家园"；从阅读的方式而言，我讲过"共读共写共同生活才能拥有共同的语言共同的密码和共同的愿景"；从儿童阅读的角度来说，我讲过"把最美好的东西给最美丽的童年""儿童阅读决定民族未来"，以及"改变，从阅读开始""阅读，从儿童开始"等等。这些话语不是我闭门造车想出来的，而是在新教育实验的火热生活中生长出来的，是新教育人集体智慧的结晶。

无论是为了国家的强大，还是为了事业的发展、个人的幸福，我们都需要努力让阅读有高度。阅读，是我们一起攀高的天梯。

你的朋友：朱永新

2017年10月12日，兰州至北京途中

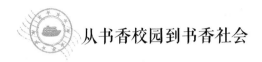 从书香校园到书香社会

朱老师：

我注意到，2017年9月底，新一届"领读者大会"又召开了。来自全国各地的近800位阅读推广人齐聚北京，以"阅读，从儿童开始"为主题，从儿童阅读推广、童书阅读等方面进行深入研讨交流，以期激活儿童阅读推广思维，推动儿童阅读事业发展，助力儿童健康成长。据我了解，这是由新教育研究院新阅读研究所举办的第二届"领读者大会"。组织这样的全国性的阅读文化的交流活动，是不是可以看作是新教育实验在新的时期对中国社会发展的一种积极介入和主动参与？或者说，举办"领读者大会"，是不是蕴含了新教育实验的某种文化使命？（安居）

安居老师：

谢谢你的来信。也感谢你对于我们"领读者大会"的关注。

2016年，我们举办了首届领读者大会，大会的主题是"改变，从阅读开始"。当时举办这个大会的目的，就是想汇聚更多的阅读推广人，共同为推进全民阅读、建设书香中国、实现中华

民族伟大复兴的中国梦而努力。

这些年来，阅读一直是我本人和新教育实验的工作重心。早在1993年我担任苏州大学教务处处长的时候，就尝试推出了苏州大学必读书目制度。从1995年开始，我组织了一批专家开始研制中小学教师与学生书目，推出了"新世纪教育文库"。2000年新教育实验启动之初，我们正式提出了"营造书香校园"的行动。2007年新教育年会的主题就是"共读共写共同生活"。2010年，我们在北京正式成立新阅读研究所，开始系统研制中国人基础阅读书目，先后推出了幼儿、小学生、初中生、高中生、企业家、教师和父母等多个书目，目前正在研制中小学学科阅读书目。2011年，我们在北京成立新父母研究所，通过全国各地的新教育萤火虫工作站推进亲子共读和家庭阅读……我们一直努力践行"过一种幸福完整的教育生活"的宗旨，希望让阅读成为更多人的生活方式。

虽然我们为全民阅读做了一些力所能及的工作，但我们深知，阅读推广是一个滴水穿石的漫长过程，是一件需要全社会共同推动的伟大事业。为了充分交流民间阅读机构在推广阅读方面的经验，加强全国阅读推广机构、个人之间的合作，更好地推进区域阅读、学校阅读和家庭阅读，我们决定每年9月28日（孔子诞辰日）在北京举行"领读者大会"。

2016年，首届"领读者大会"如期在国家图书馆举行，同时成立了全国领读者联盟。联盟由20家注重学术引领和活动品质的阅读推广机构共同发起，邀请全国各地数百家阅读推广机构参加。这次会议得到了热烈的反响，一千余名阅读推广人和阅读推广机构参加了会议。会议起到了汇聚力量、达成共识的作用。

我们选择"改变,从阅读开始"作为主题,就是希望能够进一步认清阅读在国家发展、民族进步、个人发展中的基础地位和关键作用。我在致辞中强调了新教育的阅读价值观:对人类,阅读是一种生命本体的互相映照;对教育,阅读是一种最为基础的教学手段;对社会,阅读是一种消弭不公的改良工具;对个体,阅读是一种弥补差距的向上之力;对生命,阅读是一条通向幸福的重要通道。

我在致辞中也强调了团结和凝聚更多志同道合的阅读推广人的意义:"领读者需要团结。我们汇聚起来,既独立思考,又共同为了实现中国梦而奋斗,正像一个蚂蚁的群落,我们将可完成单个的蚂蚁无法想象的事务。"我们用这样一句话相互鼓励:"我一个人无法改变世界,但我能改变一个人的世界。"

2017年9月28日,第二届"领读者大会"又如期在北京举行。我们把会议的主题定为"阅读,从儿童开始"。这是去年主题的一个自然延续,因为在厘清了阅读的意义与价值之后,最关键的问题就是找到从哪里开始推进阅读的问题。我们不约而同地把目光投向了儿童。

我们认为,儿童是关键。童年的长度决定了国家的高度。儿童阅读的深度决定了民族精神的高度。在这个意义上说,儿童阅读决定着民族未来。

在人类漫长的历史长河中,儿童一直是缺位的,是被历史遗忘的。步入近代以来,人们才开始尝试去理解儿童。非常遗憾的是,我们的所思所想、所作所为,还停留在浅层次上,无论在物质世界还是在精神世界,都处于摸索的阶段。就像我一直说的,童年的秘密还远远没有被发现,童书的价值还远远没有被认识。

对于我们来说，童年仍然是一个黑匣子。对这个"童年黑匣子"的破解，我们一直在行动，但还没有具有突破意义的重大发现。

童年一闪而逝，儿童瞬间成人。如果我们认真、用心地研究儿童，如果我们用立体的思考对待儿童阅读，我们一定会发现，人类文明的王冠之上，最为娇嫩也是最为美丽的那颗珍珠，就是儿童的精神世界。格林说，所有的童书都是预言书。早期阅读对人的影响无疑是刻骨铭心的，它能够塑造精神趣味与人格倾向，自然，也是多少能够预测未来的。我们要通过阅读，让儿童的精神世界变得更为美丽，也要通过阅读去塑造儿童美好的人格，更要通过儿童阅读去创造一个民族美好的未来。

在第二届"领读者大会"上，参会者围绕领读者联盟经验分享、"领读者"的故事、信息时代下的阅读推广等进行了广泛而深入的交流，表彰了在全民阅读和儿童阅读推广方面的先进单位，如南京领读者联盟、三叶草阅读文化发展中心等机构。

你在信中问，我们举办"领读者大会"，是不是可以看作是新教育实验在新的时期对中国社会发展的一种积极介入和主动参与，或者说是不是蕴含了新教育实验的某种文化使命？这是一个有意思的问题。的确，在开展新教育实验的时候，我们从启动之初就清晰地意识到，教育不是一座孤岛，而是一个彼此影响、相辅相成的生态圈。任何一项教育改革和实验，如果没有学校、家庭、社会的配合与协调，是很难真正取得成功的。这是新教育实验很早就把家校合作共育作为重要的行动的原因所在，也是新教育实验把书香校园建设与书香社会建设联系起来的主要原因。

随着新教育实验的深入，我们的"大教育"观也越来越自觉,越来越明确。教育的许多问题,在教育内部是很难得到解决的,只有形成全社会的共识,形成全社会的合力,才能迎刃而解,才可以从根本上得到解决。最初我们提出"营造书香校园"的时候,"书香校园"还是大众比较生疏的一个概念,我们曾经也有孤军奋战的感觉,经过和诸多教育同仁多年的努力,"书香校园"已经成为全社会普遍接受和认可的概念了。"书香校园建设"也已逐步走出校园,成为可资许多家庭、社区借鉴的样本和依靠的力量。许多"书香校园建设"做得好的学校,其中一条重要经验,就是整合了全社会的资源和力量推进阅读,尤其是亲子阅读的理念被越来越多的父母认同。

从书香校园走向书香社会,不仅是阅读推广的一个成功做法,也是教育变革的一个案例。我们不仅需要跳出教育看教育,更需要跳出教育干教育,需要家庭、学校、社会合作共育,这样才能激活教育磁场。

阅读是教育的抓手。能够让阅读成为全民的兴趣,意味着自我教育成为全民的行动。这是我们努力的方向,也是我们一直以来的行动。无论我们是否愿意,推动阅读都是时代的需求。作为教育人,应该把推动阅读视为我们的使命。我们愿和所有同路人并肩同行。

你的朋友:朱永新
2017 年 12 月 1 日晚,北京滴石斋

人工智能会改变人类阅读吗

朱老师：

终于又读到您写给广大新教育同仁的新年致辞。想到您会涉及人工智能、人工智能机器人的话题。

2017年5月19日，微软联合图书出版商湛庐文化在北京发布诗集《阳光失了玻璃窗》，诗集的作者系微软人工智能机器人小冰。据介绍，小冰学习了1920年以来500多位诗人的现代诗，训练超过一万次，其写作诗歌的思维过程与人类相似，大致有诱发源、创作本体、创作过程、创作成果等步骤。自这一年的2月起，小冰在天涯、豆瓣、贴吧、简书四个网络平台使用27个化名发表了诗歌作品，有大量跟帖评论，但无人知道其是机器人。该诗集出版后，在中国诗歌界引发多轮议论，诸多诗人、批评家、翻译家对此发表了各自的看法，其中反对者多而赞成者少。但人工智能发展迅速，成果惊人，已成既定事实。

这是人工智能在文学创作领域的一次尝试，联系此前围棋界的"人机大战"，可以想见的是，人工智能已经对人类的创造能力和创造机制提出了挑战。那么，关于人工智能与人

类阅读的关系、人类如何利用人工智能来服务自身的阅读，您有什么样的思考、判断和预测呢？（林乐）

林老师：

　　来信收到。

　　记得几年前的一次阅读研讨会上，有一位企业家说，他正在研究让机器人帮助人阅读的问题。我还记得，现场的几乎每一个听众都露出了不可思议的神情。

　　到了 2017 年，这位企业家的梦想得到了部分实现，或者说我们已经亲眼看到了人工智能改变人类阅读生态的可能性。

　　这一年，人工智能可谓风头出尽。除了你信中所提到的小冰出诗集外，人工智能在多个领域高歌猛进，让人目瞪口呆。阿尔法狗三场连胜世界围棋冠军柯洁，其升级版 AlphaGo Zero 在没有人类导师的情况下无师自通，轻松拿到了包括国际象棋、将棋和围棋在内的三大棋世界第一，攻陷人类智力游戏的高地。在医学和法律两个同样需要高智慧的领域，智能机器人也出手不凡，战绩辉煌。

　　2018 年的帷幕刚刚拉开，人工智能又一次高歌猛进。一个惊人的消息传来：在由斯坦福大学发起的 SQuAD（Stanford Question Answering Dataset）文本阅读理解挑战赛中，来自微软和阿里巴巴团队的人工智能模型分别以高分战胜了人类选手，位列榜单的前两位。虽然领先分数不多，但这是人工智能首次在文本阅读测试中战胜人类，意味着人工智能在自然语言处理方面，已经达到了人类对语言词句的理解层次。

　　我在致新教育同仁的新年致辞中说，未来的教师一方面要与机器共舞，善于借助智能机器人；另一方面更要努力做智能机器人无法做的事情。

智能机器人可以在教育上应用，恰恰是因为传统教育中的各种方法，如死记硬背、满堂灌等，都是机器人的强项。但是，机器人很难深入人的情感，很难关注人的个性发展，而这些恰恰是教育的本质、教育的真正使命。从这个意义上说，智能机器人的兴起，可以促进我们重新审视和发现教育，回归教育的本性。

按照这样的思路，我们来审视人工智能与人类阅读的关系，审视如何利用人工智能服务人类自身的阅读，许多疑惑也就可以迎刃而解。

首先，从根本上来说，人工智能无法替代人类的阅读活动。一个人的精神发育史就是他的阅读史。每个人的精神成长历程，在一定程度上重演了整个人类精神成长的历程。人的智慧、人的思想是无法通过基因遗传的，也无法像机器人一样通过芯片植入。尤其是作为情感熏陶、价值观涵养的阅读活动，没有个人的深度体验与思考，是很难做到的。所以，通过阅读，与那些最伟大的思想、最伟大的智慧对话，不仅是个人精神成长的必修课，也是整个社会进步的重要路径。不仅机器无法替代，人自己也无法代替别人进行阅读。

其次，人工智能可以帮助人类更有效地阅读。人工智能虽然无法替代人类的阅读，但是的确可以帮助人类更有效地阅读。如查找资料性质的阅读，未来就可以交给智能机器人去做。我们的阅读有相当一部分是阅读各种工具书，为了检索相关主题、查找资料，这样的工作，机器人比人更迅捷更准确，我们提出要求，发出指令，即可完成。这就减少了过去把大量时间放在查找资料上的麻烦。机器人还可以帮助人对书籍进行"初读",了解一本书的基本观点和主要内容,为人们进一步深入研读提供基础资料。机器人也可以根据自己的"阅读"和对读者阅读口味的了解,对图书进行分类分级,帮助人们寻找最合适的读物等等。

再如,人工智能可以读书给人听。现在的电脑在模拟人声方面已经可以达到"乱真"的地步,能够"无限接近"真人的声音,甚至连人在朗读时的感情色彩也可以被人工智能高仿。无论是以生气还是开心的口吻读,无论语气是平缓还是急促,人工智能都可以有效识别,用适当的语速、语调和声音朗诵出来。这样的阅读,可以帮助人们"一心二用"地听书,也可以帮助不识字的幼儿进行阅读。

另外,人工智能可以通过虚拟现实等一系列技术,超越现有纸质媒体的束缚,进入多媒体多感官的领域。阅读时加入全息投影与成像技术,会创造全新的阅读体验。前些年图书中已经普遍运用的二维码技术,以及近年很流行的AR(增强现实)图书,已经实现了多媒体阅读的可能。

总之,无论社会怎样变化,技术如何进步,作为人的精神发育的最直接最便捷最有效的手段,阅读永远是必需的,而且是不可能被人工智能取代的。但是,未来的阅读,也不可能是传统意义上的人的阅读,从阅读方式到阅读内容,都会发生深刻的变化。

未来的人,在很大程度上是一个"人机结合体",也就是说,未来的学习者,是人脑加人工智能的合体,人们会把简单的、工具性的、检索性的阅读交给智能机器人,会利用各种碎片化的时间让机器人为自己读书，阅读的效率和效果也会进一步提高。人工智能，将会帮助人类智慧阅读、高效阅读。

你的朋友：朱永新
2018 年 1 月 22 日，北京滴石斋

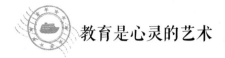 **教育是心灵的艺术**

朱老师：

记得1981年您还在上海师范大学读书的时候，就参加了《中国大百科全书》（心理学卷）的编撰工作，还一度被认为是"朱老先生"。在心理学方面，您做了很多基础性的工作，著述颇丰，尤其是推动了心理咨询理论与实践方法在国内的落地与发展。已经过去了将近40年。如果现在请您来给中小学和幼儿园的老师们写（编写）一本普及性质的心理学图书，从人类已有的心理学研究和实践成果当中，您会抽取哪些心理学的思想、理论、方法、工具？（林芳）

林老师：

非常高兴收到你的来信。

的确，我是从心理学转向教育学的。上个世纪80年代初，我们在上海师范大学读书的班级叫"教心班"，顾名思义，就是读的教育学和心理学专业。那个时候，我们就非常清晰地认识到，教育是人的科学，要全面地了解人，才能真正学好教育学，做好教育工作。教育是心灵的艺术，人的心理是极为复杂的存在，关于人的心理的科学是极为复杂的科学，需要哲学、生理学、心理学、社会学科的支撑。我们的老师，既有教育学方面的教授，如陈科美、陈桂生等，也有心理学方面的教授，如李伯黍、燕国材等。除了教育学、心理学的课程，我们还需要学习生理学、哲学、统计学方面的课程。

当时，我用力最多的是心理学。之所以用力最多，一方面的确是因为通过学习教育理论，更清晰地认识到，教育的对象是人，了解人应该从心理学入手，心理学是教育工作中最实用的基础学科；另一方面是因为受燕国材教授的影响，在大学期间就开始系统研究中国心理学史。要研究中国心理学史，就必须全面了解西方心理学发展史，了解心理学的流派与体系，了解心理学的主要分支领域。当时一边学习，一边做了大量笔记，还写了一本科普小书《心理世界窥探》。这是我的第一本著作。后来虽然以中国心理学史为主攻方向，但是我在教育心理学、管理心理学、咨询心理学等领域也做了大量研究。到现在为止，高等教育出版社出版的国家级重点教材《管理心理学》仍然是我主编的教材。

从上个世纪90年代初开始，随着先后担任苏州大学教务处处长、苏州市政府副市长等职务，尤其是本世纪初我发起新教育实验以后，我把研究的重点转向与工作关系更为直接、更为紧密的教育学，从高等学校教学管理研究到区域教育发展研究，再到新教育实验的理论研究，我与心理学界渐行渐远。但是，我一直关注着心理学科的最新进展。

如果让我来给中小学和幼儿园的老师们编写一本普及性质的心理学图书，应该把哪些心理学的思想、理论、方法和工具介绍给大家，这的确是一个具有挑战性的问题。

用一本书的篇幅，来为教师全面讲述心理学，是有很大难度的。在我主持研究推出的《中国中小学教师基础阅读书目》中，就至少收录了 15 本经典的心理学著作，如《教学勇气：漫步教师心灵》（[美] 帕克·帕尔默）、《积极心理学：探索人类优势的科学与实践》（[美] 斯奈德、洛佩斯）、《儿童心理学》（[瑞士] J·皮亚杰、B·英海尔德）、《思维与语言》（[苏] 列夫·维果茨基）、《儿童的人格教育》（[奥] 阿尔弗雷德·阿德勒）、《道德发展心理学：道德阶段的本质与确证》（[美] 科尔伯格）、《儿童发展》（[美] 贝克）、《动机与人格》（[美] 亚伯拉罕·马斯洛）、《同一性：青少年与危机》（[美] 埃里克森）、《爱的艺术》（[美] 艾里希·弗洛姆）、《教育心理学精要：指导有效教学的主要理念》（[美] 简妮·爱丽丝、奥姆罗德）、《多元智能新视野》（[美] 霍华德·加德纳）、《课堂中的皮格马利翁——教师期望与学生智力发展》（[美] 罗森塔尔、雅各布森）、《人是如何学习的：大脑、心理、经验及学校》（[美] 布兰思福特等）、《奖励的惩罚》（[美] 埃尔菲·艾恩），等等。这个书目，是我们从数以千计的心理学著作中反复精选出来的，包括了与教师生活相关的主要著作和主要领域。而且，这些心理学方面的经典图书，是假设教师已经受过系统的师范教育，学习过心理学史、普通心理学、教育心理学、儿童心理学、生理心理学、心理测量与统计等主要课程的情况下提出来的。如果想真正了解心理学的相关情况，建议老师用一到三年的时间，把上述著作细读一遍。

当然，有难度并不意味着不可能。编写一本教师用的心理学基础读物，关键还是要关注教师的实际需要。所以，如果我来主编一本面向中小学和幼儿园老师的心理学作品，会有以下几个方面的主要内容。

一是关于心理学的历史发展。任何科学归根到底都是历史的科学,心理学的历史告诉我们,人类认识自己的历程漫长而缓慢,作为研究人自身的学问,远远落后于其他科学。但是,已有的心理学研究成果,对于改进我们的教育教学,已经被证明是卓有成效的。前面我们推出的书目中选取的基本是西方的经典心理学著作,但在心理学的历史发展部分,我会介绍中国的心理学研究成果,介绍中国人对于世界心理学的贡献。同时,通过对不同心理学派如行为主义心理学、精神分析心理学、人本主义心理学、结构主义心理学等流派及其在教育上的主张的介绍,帮助教师了解心理学是如何深刻地影响教育实践的。

二是关于普通心理学或者心理学基础。普通心理学是研究人的心理的一般活动及其规律的学科,包括人的感觉、知觉、思维等认知过程,情绪、情操等情感过程,动机、决定、执行等意志过程,以及兴趣、性格、自我意识等个性心理特点。普通心理学是所有应用心理学的基础,它有助于教师更好地学习发展心理学和教育心理学,更好地理解人性与教育。

三是关于儿童与青少年心理。幼儿园和中小学的教育对象,是儿童与青少年。不了解儿童与青少年,就不可能有真正的好的教育。无论是皮亚杰的认知发展阶段理论,还是科尔伯格的道德发展阶段理论,对我们了解儿童发展的阶段性都非常有益。这个部分主要介绍儿童与青少年心理成长的特点与规律,如7岁前儿童大脑的快速发育期、儿童的生理断乳期与青少年的心理断乳期等。

四是关于教育心理学。教育心理学主要研究关于学习过程与方法的学习心理、关于道德形成发展的特点与规律的品德心理、关于不同个性不同潜能的学生的差异心理、关于教师职业发展与心理健康的教师心理、关于如何了解与评价学生与学业成绩的心理测量和评价等。关于教育心理学的研究成果非常丰富，有许多著名的实验，如遗忘曲线、皮格马利翁效应等，在教育上有非常广泛的应用，可以介绍给老师们。在这个部分，还要特别介绍如何观察和研究学生，如何科学地评价学生等。

总之，如果我编写这样一本心理学专著，我希望它是一张心理学世界地图。通过这张地图，大家能够知道最美的风景在哪里，有哪些交通工具可以抵达那里等。教师，应该学一点心理学。具备心理学常识的教师，才能更顺畅地走进学生的心灵。只有真正走进学生的心灵，教育才能真正取得好的效果，教师才能真正进入教育的自由王国，才能享受到教育的幸福。

你的朋友：朱永新

2018年2月22日，北京滴石斋

让高铁阅读成为中国的美丽风景

朱老师：

2014年，从开本到容量，《教师月刊》进行改版。当时是有一个设定的：从北京到上海或者从上海到北京，一趟高铁5个小时左右，刚好可以比较舒服（开本）地读完一期杂志（容量）。很显然，这只是在京沪线的时空观念里作出的设定，带有局限性。近日从您的文章中读到一个词——"高铁阅读"，感觉真是既亲切又兴奋。在您的设想里，"高铁阅读"是怎样定义的？又该如何推进？（林茶居）

林老师：

非常高兴收到你的来信。我们的确是心有灵犀，想到一起去了。

记得2010年年初，北京出台规定，停止在地铁销售书报杂志的时候，我曾经在媒体上撰文批评，指出"地铁不仅是交通工具，也是传播文明与文化的载体。草率地决定全面停止销售，不仅让那些已经习惯在地铁买报读报的人非常失落，也让北京作为国际都市的城市形象大打折扣"。呼吁应该让"地铁阅读"成为北京最美丽的一道风景线。

2008年8月1日,京津城际铁路正式通车运营。随后,京广高铁(武广段)、郑西高铁、沪宁高铁、沪杭高铁、京沪高铁等高速铁路先后建成通车。

2007年年底,我从苏州调入北京工作,乘坐高铁的机会日渐增多,每次出门带上自己喜欢的书报,在5个多小时的旅途中,经常看完一两本书,深切地感受到"高铁阅读"比"地铁阅读""飞机阅读"更从容。

至于为什么有这个推进"高铁阅读"的想法和"两会"提案,是因为看了一位外国记者写的文章,他说他在中国的高铁上,看到很多人在玩手机、聊天、嗑瓜子,很少有人在阅读。那次他在高铁上发现的唯一一位阅读的人,是一位外国人。这篇文章深深地刺激了我。从国际惯例来看,地铁一直是各国尤其是发达国家图书和报刊销售的主要场所,一些重要的畅销书和有影响力的报刊,都不会放弃地铁这样重要的传播渠道。"高铁时代"下,高铁已经成为老百姓生活的一部分,但目前高铁上提供的阅读材料十分有限,质量和数量有待提升,在高铁上借鉴国际地铁推广阅读的做法具有十分重要的意义。

具体来说,我们认为倡导和推进"高铁阅读"有利于促进全民阅读。阅读推广是一件时间长、见效慢的文化工作,绝非一朝一夕之功,需要全社会长期共同的参与和努力。在具体的实施过程中,必须依靠更多抓手,创新更多形式和内容,才能保证阅读推动的可持续性。高铁作为流动的公共场所,连接着一个又一个城市,维系着四面八方的旅客,影响着人们的生活方式和生活理念,既是宣传器也是播种机,是难得的阅读推广阵地。在"高铁阅读"强大的引领示范作用下，相信"地铁阅读""航空阅读"也会随之跟进。这些公共阅读是传播阅读文化的重要途径，能够有效增强人们的阅读意识，促使人们养成阅读的习惯，从而凝聚社会正能量，创建学习型社会，进而确立现代市民意识，培育现代生活方式，养成现代文明行为，为民族复兴提供强大的动力支持和良好的人文环境。

另外，倡导和推进"高铁阅读"也有利于促进文化消费升级。我国经济发展进入新常态，人们的社会生活交往需求将不断高涨，精神文化消费需求也将不断高涨。倡导和推进"高铁阅读"作为一项积极主动的文化供给侧改革举措，对于扩大健康向上的居民文化消费具有重大意义，能够提高文化消费的质量，从而刺激新的商业模式的诞生，促进经济社会持续健康发展，不断提高人民生活品质。

从可行性分析来看，倡导和推进"高铁阅读"具有深厚的现实基础。首先，高铁车厢舒适、卫生、安全、高效，它提供了良好的阅读环境。其次，高铁上的读者群基数庞大而且相当稳定。高铁已是老百姓首选的出行方式，高铁动车组 2017 年全年发送 17.13 亿人次，预计未来每年的客运量将超过 30 亿人次。再次，高铁准时准点，时间相对固定。"十三五"期间，高铁将实现北京至大部分省会城市之间 2～8 小时通达，相邻大中城市 1～4 小时快速联系，主要城市群内 0.5～2 小时便捷通勤。最后，高铁是中国的大动脉，"一带一路"建设的重要组成部分，大力推进"高铁阅读"不仅能提升高铁服务水平，提高市场对高铁服务的预期，有效强化高铁正面形象，增强高铁"走出去"的软实力，而且能促进文明对话和文化交流，宣传和推广我国文化，增强国家文化自信，树立国家良好形象。

总之，大力倡导和推进"高铁阅读"是深入贯彻落实十九大报告"坚定文化自信，推动社会主义文化繁荣昌盛"的体现，能够进一步推进全民阅读，增强人民群众对公共文化服务的获得感，提高全民族科学文化素质和社会文明程度。

阅读事关文化的传播、文明的传承，是人类进步的阶梯和通往幸福的桥梁。一个人的精神发育史就是他的阅读史，一个民族的精神境界取决于它的阅读水平。阅读推广工作的持续开展，有利于夯实国家文化软实力的根基、传播当代中国价值观念、展示中华文化独特魅力。所以，我们提出了几条建议。

一是突出宣传，提高认识，加强"高铁阅读"理念推广。将全民阅读提升到国家战略高度，充分体现了党和国家对全民阅读这项文化民生工程的高度重视，标志着党和国家将全民阅读纳入国家战略层面进行整体布局。在此大背景下，建议将"高铁阅读"作为推进全民阅读的重要抓手，通过多种媒体进行宣传，广泛传播"高铁阅读"的价值和意义。从国家机关、事业单位开始推进，发挥公众人物的作用，必要时聘请或者评选"高铁阅读"形象代言人，让全国人民深刻理解"高铁阅读"的内涵和意义，从而真正行动起来，形成珍惜时间、昂扬向上的良好精神风尚。

二是政府主导，开放合作，引导鼓励社会力量参与，推进"高铁阅读"带有公益性和市场性的双重属性，铁路公司作为国有企业，应该主动承担起该有的社会责任，同时发挥市场作用，引导已有的阅读基金支持"高铁阅读"，引入文化机构、文化企业、互联网公司等社会力量进行商业运作，探索和创新推进

"高铁阅读"的PPP模式。扩充"智慧高铁"内涵，建设多种形式的"高铁图书馆"，扩展12306网站微信功能，建立高铁数字化阅读平台，仿效目前已经施行的"订餐"服务开通"订书"服务，满足旅客多样化、个性化的服务需求，推动精准阅读，不断丰富阅读体验。一方面，充分利用大数据等信息化工具，将旅客的阅读行为实行积分制管理；另一方面，做好高铁图书的推介工作，不断加强与阅读相关的延伸服务。此外，可以设计以阅读为主题的旅游线路，形成高铁旅游和阅读推广的良性互动。

三是拓展外延，统筹兼顾，整体推进"高铁阅读"工作。阅读作为个人和民族共同的一项精神工程，应该突破时间和空间的限制。倡导和促进"高铁阅读"同样需要跨越时空界限，注重铁轨上和铁轨下的相互联动，借鉴国内外经验，利用各种平台和途径，开展形式多样的活动。建议成立"高铁阅读指导委员会"，加强领导，建立长效机制，统筹协调各方面资源；设立"高铁阅读"读书节或读书年，开展"高铁图书漂流"，"高铁阅读"分享、研讨、评比等活动，让全社会参与到全民"高铁阅读"的大潮中；深入开展高铁阅读文化研究，启动"高铁阅读"调查以获得数据支持，有针对性地推进"高铁阅读"。在具体的实施过程中，可以从乘客密集、覆盖区域广的京沪高铁等重点线路入手，逐步向一般线路推广。此外，督促各级相关部门"从娃娃抓起"，建立儿童阅读分级体系，从小养成"走到哪、学到哪"的阅读习惯。

我也非常希望《教师月刊》能够积极参与到这个活动中来，比如是否可以在京沪高铁的每个车厢投放一些刊物，供有兴趣的旅客取阅？是否可以呼吁《教师月刊》的读者从自己做起，每次乘高铁时带上几本书，不仅自己阅读，还可以做一些"漂流"？

你的朋友：朱永新

2018年3月13日，北京昆泰酒店

深化细化实化全民阅读

朱老师：

读过您的一篇"两会手记"，其中提到，"今年准备继续就'建立国家阅读节，深化全民阅读'进行呼吁"。这么多年，"全民阅读"一直是您作为"两会"代表建言献策的重要主题。这种锲而不舍的参政议政精神，实在令人感佩。相较于以前，今年的"全民阅读"提案，有什么新的诉求？会从哪些方面做进一步的呼吁？（林民生）

林老师：

的确如你所说，我2003年3月当选为第十届全国政协委员，2008年转任全国人大代表，2013年又担任全国政协委员，今年"两会"继续担任新一届政协委员。16年来，我一共提交了234个建议与提案，其中90%以上都是关于教育的。关于阅读的问题先后提交了39份建议和提案。

2003年我就提出了"关于设立国家阅读节的提案"。2008年当选全国人大代表的第一年，提出了"关于推进全民阅读，建立社会主义核心价值体系的建议"，明确提出社会主义核心价值体系和共同思想基础的形成，必须从阅读开始。同时提出建立国家阅读节、大力发展公共图书馆、建设"书香校园"等具体建议。此后的每年"两会"上，又陆续提出了把全民阅读作为国家战略、建立国家全民阅读基金、建立国家全民阅读委员会、全民阅读立法等一系列建议与提案，其中有些已经被采纳，有些正在推进之中。如《全民阅读促进条例》已经由国务院法制办审议通过，《公共图书馆法》于2017年正式颁布，全民阅读的指数也在稳步提升。

唯一感到遗憾的是，关于阅读节的提案还没有被采纳，今年我再一次提出，而且联名了100多位政协委员共同呼吁。

16年来，每一次呼吁阅读节，总是从不同的角度阐述其特殊的意义。今年更多是从在全民阅读已经取得一定成效之下，如何进一步深化细化实化阅读的角度提出来的，提出应该围绕几个尚有不足的重点问题进行突破。

一是简单随意的活动多，深刻有效的活动少。阅读活动看似平常简单，花费较少，不论是政府部门还是民间机构，都非常容易组织开展。但是，活动是否有效，取决于形式、内容是否能够统一起来，是否能够形成互相促进、直抵心灵的力量。现在的活动，很多时候缺乏更大规模的组织、更有深度的阐释，难以取得广泛的影响和深入的效果。

二是浅层次短期阅读多，有深度有系统的少。阅读，是一种大教育。阅读能力，其实就是教育所需要培养的学习能力，因此，阅读的选择、阅读的科学性都很重要。读什么相当于吃什么才有营养，怎么读相当于如何烹饪才保有营养，这都是需要科学研究的。现在对阅读的研究还不够，各种阅读活动还未能真正促进人们阅读能力和阅读素养的提升。

三是从阅读的人群来看，儿童多，成人少。儿童当然是学习阅读、坚持阅读的主力，但现在是一个终身学习的时代，成人不阅读，一方面自身无法提升，无法适应社会发展的需要；另一方面也无法对儿童群体产生积极的榜样效应。

在提案中，我同时提出了推动深化细化实化全民阅读的建议。

第一，设立国家阅读节，把全民阅读提升为国家战略。

节日的本质就是对应平常的日子，可以把日常生活中比较重要的那一部分提升为某种仪式。国家阅读节是一种最简便有效的扩大阅读宣传、加强影响力、提高重要性的最好做法。就像每年有元旦、有春节一样，阅读节也要一方面和世界接轨，一方面强化主体特征。国家阅读节应该成为中国人的精神春节，让增强文化自信和阅读推广工作相辅相成，不可分割。让国家阅读节成为阅读推广工作的龙头，夯实国家文化软实力的根基，传播当代中国的价值观念，展示中华文化的独特魅力。在进一步深化阅读的过程中，我们需要强调中国作为主体的有民族文化特点、有独特习俗传承的自身的节日时间，所以我再次建议把孔子诞辰日即9月28日，作为我国国家阅读节的时间，并围绕这个时间，以金秋十月的国庆长假为凭借，打造一系列节日活动，让国家阅读节成为"阅读周""阅读月"，让节日长假和阅读仪式紧密结合，开展丰富多彩的阅读活动，让人们能够以丰富的心灵体验度过长假，让阅读与生活更紧密地相连。

第二，政府进一步推动各类阅读研究，推动书目研制工作，向各类专业组织或民间机构购买服务，及时将它们的研究成果转化为推进全民阅读的资源和助力。

无论是根据不同人群开展的各类人群基础书目的研制,还是根据学习需求开展的学科书目研制,或者根据不同地区需求开展的图书馆配书目研制等,都是特别重要的工作。在信息时代,信息越是丰富,越容易导致人的迷失。书目的研制,可以为一个人的精神提供一份营养全面的科学配餐方案,相当于为一个人的成长提供了一份"藏宝图",便于人们按图索骥。信息时代读什么影响着民族文化传承,也是树立文化自信的不二法门。政府可以通过委托研究或者购买服务等方式,为不同人群定制科学合理、具有创新特点、有助于培养创造力的专业书目。

第三,支持举办共读活动,有效推进全民阅读。

共读是一定的群体围绕同一本书或同一类书进行的阅读活动,比如,亲子共读、师生共读、团队共读等,研究表明,共读对于形成共同的价值观、共同的语言和愿景,具有非常重要的作用。建议以儿童为中心,一方面推动师生共读,一方面推动亲子共读,积极影响教师和家长这两个巨大的群体,从而让全社会阅读氛围更为浓烈,阅读效果进一步加强。

我也特别希望《教师月刊》关注全民阅读的问题,希望有更多的老师投入全民阅读的事业之中。

我们一起努力!

你的朋友:朱永新
2018年4月17日夜,北京滴石斋

打开大脑的"黑匣子"

朱老师：

近期，华东师范大学联合"中国教育三十人论坛"和美国密涅瓦大学，举行了"脑科学与教育创新高峰论坛"，可谓适逢其时，所以引起了社会各界的广泛关注。

自20世纪90年代以来，在世界范围内，脑科学的研究与发展日益得到重视。我国的《国家中长期科学和技术发展规划纲要（2006—2020）》将"脑科学与认知"列入基础研究八个科学前沿问题之一，并在科学界、学术界逐步形成以"认识脑"为主体和核心，"保护脑""模拟脑"两翼并举的研究共识。

作为一种学习方式，阅读有助于人类丰富自我认知和提升社会认知，同时也有助于大脑的健康发展，让大脑保持可持续的、不断自我更新的状态。

那么，从脑科学的角度，你是怎么理解阅读这一古老的人类学习方式的？（林茶居）

茶居兄：

这次"脑科学与教育创新高峰论坛"的确引起了社会各界

的广泛关注，上午论坛现场的在线直播就有超过6万人在同时收看。

熟悉我的人也许都知道，我是研究心理学出身。当年学习心理学的时候，老师告诉我们，人的大脑仍然是一个"黑匣子"，人类的许多心理奥秘要等待我们打开这个"黑匣子"才能真正发现。

的确，人类为了打开这个"黑匣子"已经付出了长期艰巨的努力。对于远方的探索近乎人类的本能。非常有意思的是，离人类最遥远的星际首先引起了我们的关注，在许多古老的摩崖石刻上，仍然残留着我们的先辈探索宇宙星空的印记，天文学也成为科学家族中的老大哥，伽利略因此被认为是近代科学的奠基人。接着是牛顿和爱因斯坦的物理学，人类对自然界的探索从天上落到大地，物理学成为科学家族的领头雁。物理学研究大至宇宙、小至基本粒子等一切物质最基本的运动形式和规律，因此成为其他自然科学学科的研究基础。它充分地运用数学作为自己的工作语言，以实验作为检验理论正确性的依据，至今仍然被认为是最精密的一门自然科学学科。到了20世纪中叶，人类才开始真正把目光投向自己，生命科学等逐渐发展起来，以基因组成、基因表达和遗传控制为核心的分子生物学的思想与研究方法极大地推动了生命科学的发展。

生命的最复杂的系统是人。人的最复杂的系统是大脑。20世纪90年代，以美国为代表的发达国家开始把脑科学研究作为重大战略。美国第101届国会通过了一个议案，命名从1990年1月1日开始的十年为"脑的十年"。1995年夏，国际脑研究组织在日本京都举办的第四届世界神经科学大会上提议把21世纪作为"脑的世纪"。欧盟成立了"欧洲脑的十年委员会"及脑研究联盟，日本推出了"脑科学时代"计划纲要。脑科学开始成为科学家族的"显学"。2013年1月和4月，欧盟和美国分别投入10亿欧元和46亿美元，全面启动面向未来的人类脑科学研究计划。

诚如你所了解的，2006年，我国开始布局脑科学研究，《国家中长期科学和技术发展规划纲要（2006—2020）》将"脑科学与认知"列入基础研究八个科学前沿问题之一。2015年，中国科学家在对脑科学与类脑研究的"一体两翼"的研究计划上达成共识，即以阐释人类认知的神经基础（认识脑）为主体和核心（一体），同时展现"两翼"，其中一翼是大力加强预防、诊断和治疗脑重大疾病的研究（保护脑）；另一翼是在大数据快速发展的时代背景下，基于大脑运作原理及机制，通过计算和系统模拟推进人工智能的研究（模拟脑）。2017年，"脑科学与类脑研究"（中国脑计划）作为重大科技项目被列入国家"十三五"规划。2018年1月，国务院发布实施《关于全面加强基础科学研究的若干意见》，明确提出，加强基础前沿科学研究，加强对脑科学等重大科学问题的超前部署。前不久，北京脑科学与类脑研究中心、上海复旦大学"脑科学前沿科学中心"先后成立，后者成为国家"珠峰计划"首个前沿科学中心。华东师范大学也刚刚成立了脑科学与教育创新协同研究中心。

在中国，不仅科学家关注脑科学研究，普通老百姓也因为江苏卫视的真人秀节目《最强大脑》，对脑科学产生了浓厚的兴趣。从2014年第一季到2018年第五季，季季火爆，集集精彩。

特别应该指出的是，脑科学研究在得到了科学家和社会各界广泛关注的同时，教育界也一直没有缺席。因为在一定程度上可以说，学习的本质反映的是大脑改变的过程，它反映的是脑的可塑性。科学家发现，人脑有将近870亿个神经元，每个神经元的连接又有许多通路，每一秒钟都有数十万新的连接建立和旧的连接的"修剪"。人的阅读与学习活动在很大程度上会影响甚至决定这些连接的命运。无论是知识的获得、技能的培养，还是习惯的养成、行为的变化等，其背后都是对神经连接模式的塑造。

我不是脑科学专家，为了回答你的问题，我专门查阅了包括《大脑与阅读》（史坦尼斯勒斯·狄汉著，洪兰译，台湾信谊2012年版）和《教育与脑神经科学》（大卫·苏泽等著，方彤等译，华东师范大学出版社2014年版）等著作，做了一点功课。专家们在他们的著作中提出了一个非常有趣的现象，即相对于人类的大脑而言，阅读这一人类的学习方式根本不算"古老"，甚至连"年轻"也谈不上。因为大脑的进化史告诉我们，人类的大脑皮质是千百万年以来在没有书写文字的世界中演化而来的。人类的文字只有几千年的历史，所以，"演化是没有时间在人类的大脑上去发展出一个专门为阅读的神经回路"。

按照狄汉的观点，人类之所以可以阅读，不是因为大脑已经拥有了一个专门的阅读区域和功能，而"完全是靠运气"，具有很大的偶然性。"假如书和图书馆在人类文化演进上扮演了主控的角色，那是因为我们的大脑有足够的可塑性，可以重新训练我们灵长类的视觉系统来做语言的工具。阅读的发明使我们的大脑神经回路发生突变，成为阅读的工具"。也就是说，虽然人的大脑事先并没有为阅读作好准备，而阅读实践的"横空出世"，让大脑有点"措手不及"，幸亏因为大脑皮质区"天生就有将视觉符号连到语音和其意义的能力,阅读才变得可能"。而阅读能力的出现,使人类出现了第一个"心智的人造假肢"(prosthesis of the mind),拥有了魔法般的能力——能够"用我们的眼睛听死者说话"。

脑科学的研究表明,儿童的阅读能力与早期的学习经历有着非常密切的关系。其中涉及连接大脑的两个区域:与耳朵相关的语言回路,与眼睛相关的物体辨识系统。研究发现,在孕期的最后三个月,胎儿在母亲的子宫中就已经知道自己的母语是什么了,"……左上颞回分析语音,而颞叶阶层性的组织使它可以抽出音素、字和句子",而负责处理文法规则和说话的布罗卡区域在出生以后三个月听到句子时也已经"活化"了。两岁孩子的词汇量已经很大,而且以惊人的速度在增长。与此同时,婴幼儿视觉系统也快速发展。刚刚出生的头几个月,婴儿已经能够把一个景象分离出物体和背景,"当物体移动时,他的眼睛会跟着动,即使有短暂时间这个物体被遮住,他的视线还是会跟着移动,期待物体的再出现"。这两个系统的迅速成长,为阅读准备了基本的物质条件。

关于阅读能力的形成过程,英国心理学家福瑞斯曾经提出过一个"图画—语音—构字"三阶段的模式。第一阶段发生在5—6岁期间,这个阶段的特点是儿童还没有掌握文字,视觉系统尝试要辨认,但往往是把它当作意符或者图像来认识的。由于儿童只能依靠几个表层的线索辨认,而无法解码字的深层结构,所以错误率很高。第二个阶段,儿童实现了从字形到字音的转换。在这个时候,"整个字已经不再被处理了,孩子学会去注意比较小的结构,例如单独的字母或相关的字母组。他把字形连到字母对应的语音，然后练习把它们组装起来变成字"。把字形与字音联系起来，就实现了阅读的关键一步。当儿童掌握阅读到某种程度后，就进入了第三个阶段：构字规则的阶段。在这个阶段，"各种不同大小的视觉单位纷纷进驻心理词库"，阅读时间不再受到字的长短或字形复杂程度的影响，"一眼看去便能抓住整个字串，把它有效率地分解出来，这个神经元的分析像个阶层的树，可以毫不费力地用平行法，把讯息传送到大脑处理字形和字音的地方去"。这时，大脑的文字解码通道就顺利形成了。心理学家已经找到了在大脑中将字母与语音匹配的部位，这就是位于大脑皮层后部枕叶、顶叶、颞叶之间的交点——"角回"（angular gyrus），它是连接视觉字词识别系统和其他语言处理系统最佳的桥梁，也是构建默读通道的重要器官。

阅读的三个不同阶段对应的是大脑的三个不同的部位。专家认为，在第一个阶段，儿童把字当作图画辨认，大脑两个半球对阅读都有贡献。随着时间的推移，儿童越来越会阅读时，就越来越集中到大脑的左枕——颞叶的"字母盒区"了。研究还发现，在学习阅读的过程中，大脑结构也发生着重要的变化，如连接两个半球的由神经纤维构成的胼胝体后端在识字人的脑中比较厚，"这个发现显示大量的讯息通过胼胝体到达彼岸的脑半球，或许这可以解释为什么识字的人比文盲在语言记忆上好了这么多"。

心理学家还发现，拼读和书写是"阅读的先导"。字词的奇妙之处，在于它既可以说可以听，也可以读可以写。在人的大脑中，有纵横交错、连接不同感知与思维系统的通道用于传送字词。读始于看见构词字母的眼睛；说始于源自记忆系统中所存的一种想法或形象，并通过运动皮层发出可理解的语音；写的开头类似说，但整个过程需要经过运动控制系统来指挥运用书写工具的手；听则始于耳朵并将听到的信息录入记忆系统。为什么读和写是阅读的先导？因为阅读和书写时用到的词汇要超过说话时用到的词汇，阅读和书写时大脑采用的是"自动导航模式"，能够使用到存入长时记忆中的大量词汇，而在说话时能够使用的词汇不仅是已知的，而且是必须马上能够发音的，边说话还要边注意听者的反应，这就限制了大脑寻找更复杂词汇的能力。大脑与阅读的关系研究，其"黑匣子"虽然还没有完全打开，但毕竟给我们提供了许多新知，提醒我们关于阅读应该注意的许多关键问题，如应该重视儿童发展的"机会之窗"。在心理学家看来，"机会之窗"是指儿童之脑从环境中接受特定的输入信息并经此创建或巩固神经网络的重要时刻。有些与身体发展有关的"机会之窗"往往是时不再来、过时不候的。一名儿童即使大脑毫无问题，但如果两岁前从未接受视觉刺激，就可能终身失明。12岁前从未听到别人谈话，很可能一辈子学不会任何一种语言。心理学家戴梦德和霍普森认为，"一旦这些机会之窗关闭，原本用来完成这些任务的脑细胞就会或被剪除或被调用执行其他的任务"。虽然科学家还没有发现人类所有能力的"机会之窗"，但是，在儿童发展的早期为他们提供尽可能丰富的机会与刺激，是成人和教育的责任。

此外，大量的阅读对于提高阅读能力具有重要作用。阅读会不断激活大脑中相关区域的神经元，"额叶用来辨析声音，顶叶用来体味因字词引发的情感，枕叶用来勾勒字词带来的视觉画面。所有这些反应活动所费时间不超过毫微秒，额叶再综合所有的反应来帮助你理解所读的内容。当你的脑中布满了纵横交错、四通八达的通道,你就能辨析词义,记住所读过的内容"。也就是说,当一个人的大脑高度自动化时,他就能够流畅、熟练地阅读。心理学家还发现,经过编码的信息更容易被长期记住,这个编码的过程被称作"5R",即识别(recognizing)、简化(reducing)、记录(recording)、记住(remembering)和提取(recalling)。

总而言之,大脑与阅读和人类的行为有着密切的关系。理解这些关系,对于改进我们的阅读活动,提高我们的阅读效率具有重要的作用。人类在发明了文字、创造了阅读的同时,也在不断完善自己的大脑。大脑与阅读彼此相依,互相促进,让人类的智慧不断成长。近年来,关于脑科学与学习科学的研究异军突起,提醒我们:关注和学习脑科学的知识,应该成为中小学教师的自觉行动。

你的朋友:朱永新

2018年6月5日,北京滴石斋

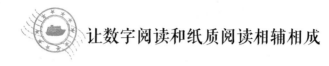让数字阅读和纸质阅读相辅相成

朱老师：

　　网络媒体出现后，阅读媒介、阅读工具发生了很大的变化。曾经有一些人认为，纸质媒体将很快走向式微。对此我一直不以为然，因为网络媒体和纸质媒体，或者说，网络阅读和纸质阅读，是可以互为条件、相互补充的。在您的生活中，网络阅读、纸质阅读各占多大的比例？除了纸质图书，您现在主要阅读哪些纸质报刊？（林茶居）

茶居先生：

　　在去年的《教师月刊》上，我曾经回答过一如老师关于"纸质阅读有助于培养儿童的注意力和思考力"的问题，比较过网络阅读与纸质阅读各自的特点与优势。

　　其实，严格地说，数字阅读比网络阅读的概念更为准确。因为数字阅读中，除了包括网络阅读，还包括电子书阅读。而电子书阅读在模仿纸质阅读的优点方面，发展非常迅速。现在的电子阅读器从阅读功能到阅读方式越来越接近纸质媒介，能够惟妙惟肖地模仿纸质书的翻页，能够用各种颜色批注并保存等。

我完全同意你的判断，虽然随着时代的发展，这两类媒体的阅读会有各自的阅读群体，但是两者分工而又交融的情况会越来越普遍，媒体在新闻、工具书等领域可能会逐步走低，但是在深度阅读方面不会有明显的下滑，总体的式微还为时过早。

我们的这个判断是有事实根据的。中国新闻出版研究院主持的第十五次全国国民阅读调查结果表明，2017年我国成年国民各媒介综合阅读率保持增长势头，纸质图书阅读率和数字化阅读方式的接触率均有所增长。

在纸质阅读方面，近五成（48.9%）国民阅读纸质图书的数量在10本以下，10本及以上的国民比例超过一成（10.2%）。其中，有4.1%的国民年阅读纸质图书数量在20本及以上，有0.9%的国民年阅读纸质图书数量在50本及以上。

在电子书阅读方面，通过对国民电子书阅读数量的分析发现，2017年，两成以上（23.0%）国民阅读电子书的数量在10本以下，10本及以上的比例为5.4%。其中，有2.4%的国民年阅读电子书在20本及以上，年阅读电子书在50本及以上的国民比例为0.8%。

这次调查结果中关于各类媒介的接触时长也很值得关注。调查发现，传统纸质媒介中，我国成年国民人均每天读书时长为20.38分钟，人均每天读报时长为12.00分钟，人均每天阅读期刊时长为6.88分钟。新兴数字媒介中，我国成年国民人均每天手机接触时长为80.43分钟，人均每天互联网接触时长为60.70分钟，人均每天微信阅读时长为27.02分钟，人均每天电子阅读器阅读时长为8.12分钟，人均每天接触iPad的时长为12.61分钟。这表明，人们花在互联网和移动终端上的时间超过两个小时，明显长于在纸质媒体上的时间。

那么，人们在互联网上究竟干什么？

调查表明，在有互联网接触行为的成年居民中，有72.0%的人表示上网主要从事"网上聊天／交友"的活动；69.7%的人上网主要从事"阅读新闻"的活动。也就是说，其实，人们主要还是利用互联网进行社会交往活动，同时，互联网阅读的内容主要还是新闻类为主。

在调查中，我国有45.1%的成年国民更倾向于"拿一本纸质图书阅读"，有12.2%的国民更倾向于"网络在线阅读"，有35.1%的国民倾向于"手机阅读"，有6.2%的人倾向于"在电子阅读器上阅读"，1.4%的国民"习惯从网上下载并打印下来阅读"。从总体上看，通过网络在线阅读和手机阅读、阅读器阅读的人数稍多于纸质阅读的人数。

来自亚马逊等机构的调查数据也表明，纸质、数字一起读是阅读的主流，55%的人表示在过去一年同时阅读纸质书和电子书。与此同时，随着数字阅读的不断普及，越来越多的读者开始以电子书阅读为主，调查显示19%的人表示在过去一年主要阅读电子书，超过以阅读纸质书为主的受访者12%的占比。同时，调查还显示，近年来新兴的有声书是纸质书和电子书之外的一个有益补充，有12%的受访者表示在过去一年会同时阅读纸质书、电子书和有声书。

就我个人而言，网络阅读和纸质阅读的确也是相辅相成的。我一直没有使用微信，阅读新闻是网络、报纸、刊物同时进行。每天早晨我会通过新浪网、人民网等了解重大的新闻，也会通过我的新浪微博和腾讯微博了解网民关注的热点问题，还会通过新浪微博和腾讯微博发布我关于教育等问题的思考。这个时段，网络阅读与写作的时间大概在一个小时左右。每天晚上，如果有时间我也会通过网络关注一下当天的新闻，处理邮件等，有时也会通过网络搜索相关的学术动态与相关资料。

纸质阅读仍然是我阅读的最重要的主体部分。每天早晨和晚上，我都会有一个小时以上的纸质阅读时间。最近几年我自己制订了一个"经典重读"计划，先后读完了陶行知、叶圣陶、苏霍姆林斯基、蒙台梭利、杜威的主要著作。每年上半年则围绕新教育年会的年度主报告开展主题阅读，如今年是围绕科学教育，2017年围绕家庭教育，2016年围绕习惯养成教育，2015年围绕生命教育，2014年围绕艺术教育等。

除了经典图书的阅读之外，重要报刊也是我阅读的一大内容。这方面的阅读我主要利用上下班和出差的途中进行。我的汽车是一个流动的阅览室，每天在汽车上的主要任务是翻阅当天和近日的报纸。我自己订阅和媒体赠送的报纸有《人民日报》《光明日报》《中国教育报》《人民政协报》《参考消息》《环球时报》《中国青年报》《文汇报》《南方周末》《报刊文摘》《香港文汇报》《大公报》《深圳特区报》《新华日报》《扬子晚报》等，这些报纸的主要新闻大致相同，一般只要浏览标题，发现有价值的文章，会做剪报带到办公室细读。不同的报纸有不同的特色，如《人民日报》的评论版和文艺副刊，《中国青年报》的深度报道，《文汇报》的教育专题，《参考消息》的域外研究进展等，是我比较关注的内容。我自己订阅和媒体赠送的刊物也非常多，有《新华文摘》《教育研究》《人民教育》《教育读写生活》《民主》《三联生活周刊》《南方人物周刊》《南风窗》《中国政协》《教育研究与评论》《教师博览》《教师月刊》《新教师》《在线学习》等。阅读杂志的时间主要在会议前后，以及出差旅行的途中。有些与研究兴趣相关的杂志，则专门分类收藏，便于日后再读。读这些报刊虽然花费不少时间，但是能够从中发现不少研究线索与素材，对我的参政议政和学术研究起了很大的作用。

其实，数字阅读也好，纸质阅读也罢，通过什么载体阅读并不重要。重要的是阅读什么以及如何阅读，重要的是选择适合自己的阅读载体与阅读方式。

人类最早是没有纸质书的，纸质书之前是竹简，竹简之前还有结绳记事等。未来的数字化阅读也会远远超出我们的想象，借助各种新媒体新技术，阅读方式会不断变化。但是，我相信在相当长的时间内，纸质阅读不会消亡，纸质媒体也会通过新的方式继续存在。

根据自己的阅读兴趣与阅读习惯，根据不同的学习与工作需要，选择最合适的阅读媒体，把数字阅读与纸质阅读有机结合起来，使之相辅相成，彼此促进，应该是我们更好地建设阅读生活的基本策略。

你的朋友：朱永新
2018 年 7 月 5 日，北京滴石斋

未来的图书与未来的阅读

朱老师：

近些年您特别关注未来学校、未来学习等前沿课题，想必也留意到"未来学习"背景下的阅读问题。我们是不是可以设想下，在未来的某一天，三维成像技术进入图书出版、图书传播领域，一种充分吸收了网络媒体和纸质媒体的优势或可称之为"三维图书"的媒体进入日常生活。那个时候，人们的阅读既能有网络阅读那样的便捷感，又能有纸质阅读那样的切实体验。在您看来，未来的图书可能以什么样的形态出现？它可能在哪些方面改变人们的阅读生活？（林茶居）

茶居先生：

你好。这个问题，与上一个问题有着非常密切的关系，也可以说是上一个问题的延伸。

如你所说，近年来，我一直在思考和关注未来教育、未来学校和未来学习等问题。因为我发起的新教育实验，就是为了面对新的时代挑战，思考新的技术革命浪潮对教育变革的新要求。看清方向，才能有效应对。

我认为，未来的学校会成为一个学习共同体。也就是说，它会由一个一个的网络学习中心和一个一个的实体学习中心，共同构成一个学习社区。学校的概念会被学习社区的概念取代，每个学习中心不再是一个独立的孤岛。现在每一所学校都是一个封闭的环，或者说相对封闭的王国，学校之间的联系和交往是偶然发生的。

未来的学习中心将会是一个环岛，彼此之间是互通的。真正意义上的学习共同体会出现。学生可以在不同的学习中心选课程，不同的学习中心相互承认学分，教师也可以跨越学习中心进行指导。这样一种开放的、互联的学习中心将成为趋势。未来的学习将进入一个课程为王、能者为师的新时代，而阅读，在未来社会中也将发挥越来越重要的作用。

至于你说的未来的图书与阅读的方式将发生的变化，那是毫无疑问的。前几年，三维成像技术就已经进入图书出版、图书传播领域，我主持的"中国人基础阅读书目"幼儿、小学、初中、高中等系列图书，就已经用了二维码的技术，把与经典著作相关的视频、影像资料收入书中。前不久，央视主持人白岩松推出了自创图书系列品牌"FromBai"，将其畅销多年的《痛并快乐着》《幸福了吗？》和《白说》三本书全新再版，它并非简单的重新装帧付印，而是添加了二维码，增加了他特别录制的 220 个小时的视频。他在这套书的发布会上提出，这种新型的出版方式可能会渐成气候："图书出版应该是立体的——比如说《红楼梦》，能不能把诸位名家对《红楼梦》的点评以立体的方式附在新版的《红楼梦》上？书的页码没变，但是却更'厚'了——我觉得图书出版该向 3.0 时代挺进。"所以，我认为未来的图书一定是如你所说的那样,是一种充分吸收了网络媒体和纸质媒体优势的新型的三维图书,是一种能够将虚拟现实和增强现实完美结合的新型图书,人们的阅读既能有网络阅读那样的便捷感,又能有纸质阅读那样的切实体验,甚至还能够创造亲临其境的现实感。

不仅如此,未来的图书还会出现新型的互动模式。系列动画短片《神圣机器》的设计者乔西·马利斯已经开发出一种新型的手翻动画书 Molecularis,其中的画面是没有上色的,读者可以自由发挥进行涂色,让它成为自己的独家图画书。

当然,未来的图书究竟以什么样的形式出现,凭我们现在的想象力可能还无法准确预测。正如五年前我们无法想象支付宝可以让我们不需要去实体银行,十年前我们无法想象淘宝可以让我们不必去实体商店一样,二十年前我们还很难想象数字化阅读将成为互联网原住民的主要阅读方式。

可以确定的是,随着科学技术日新月异的发展,人们会创造出更为先进、更为便捷的阅读载体。未来的纸质图书不仅会融入更多的科技含量,成为真正意义上的"融媒体",一本纸质图书,可能既可以扫码以后直接听书,也可以扫码以后看配有文字的影像,还可以戴上特制眼镜进入虚拟现实的场景,而印刷精美的纸质书、个性化定制的专属图书,也可能会成为具有收藏价值的艺术品。

这样的变化,引发了许多人对于纸质阅读的担忧。的确,近年来数字化阅读的增长速度明显高于纸质阅读,但是我还是坚持认为纸质阅读具有不可替代性。就连马利斯自己也承认,纸质书仍然拥有数字化图书等高科技无法比拟的优势:因为它"永远不会没电，不慎掉落在地上也没关系，不用调节屏幕亮度，总是具有高分辨率，借给别人也完全没有问题"。

所以，未来的图书应该是多种形式并存的百花齐放的样态。弗吉尼亚大学珍本图书学校校长迈克尔·苏亚雷斯在接受西班牙《万象》月刊记者采访时对此充满信心。他说，尽管不断有人宣判纸质图书的"死刑"，但书本是不会消失的。"这就像写作没有取代口述，电视没有取代广播，电影没有在各种视频网站面前停止发展一样，书本也将继续与我们同在。"

至于未来的阅读方式，无疑也会更加多元化。人们会根据自己的阅读需要和阅读习惯，选择不同的阅读方式。阅读的"认知外包"模式有可能出现，即人工智能会帮助我们收集相关的主题材料，帮助我们做分类索引、文献摘要、逻辑分析、数据处理，简单的资料查询性的阅读可以委托智能阅读器帮助我们完成，我们则可以腾出更多的时间进行创造性阅读和欣赏性阅读。

非常有意思的是，致力于开发人工智能的纽安斯公司，已经研发了一种用于阅读的脸部、声音和语言识别系统，它能够通过摄像头检测到读者是否疲惫，给出新的阅读建议，自动调节有声阅读读物的音量。所以，未来的阅读方式会随着阅读载体的变化和科学技术的进展而发生新的变化，这也是完全可以预期的。

许多人担心，在数字化时代，人类的阅读是否会式微，会不会进入奥威尔所担心的没有人想阅读，真理变成滑稽戏的时代。窃认为不会出现这样的局面。人类是世界上唯一能够运用语言和文字表达思维的生命体，是唯一通过不断的阅读继承和弘扬人类自己创造的智慧成果的生灵。人类要想不退化，就必须不断学习，不断阅读，不断成长。所以，无论阅读的载体、图书的形式以及阅读的方式发生怎样的变化，阅读的价值与阅读的本质不会变，人类的阅读需要也不会变。

你的朋友：朱永新
2018 年 7 月 28 日，黑龙江花园邨宾馆

 做书的主人

朱老师：

您在上一封书信中提到的西班牙《万象》月刊的报道，我找来看了。报道的最后一句话让我尤为感慨："无论是读、触摸还是听，我们都会对书本不离不弃。"读、触摸、听，对应的应该分别是纸质书、电子书、有声书。

阅读的重要性，阅读对于人的精神成长的意义，怎么强调都不为过。同时我也经常提醒自己，要避免陷入"书本崇拜"和"唯阅读主义"，也就是不要把阅读神化、绝对化。

"仗义每从屠狗辈，负心多是读书人。"这是明代学者曹学佺的诗句，读来真是让人心有戚戚。当然，此处"读书人"中的"读书"和今天我们所说的"阅读"，两者的价值内涵和意义旨趣是存在差异的，但无法否认，确实有人因为读书，因为阅读，把"心"读"坏"了。这是不是可以视为一种阅读社会学的现象呢？对于这种现象，朱老师有何思考？（林茶居）

茶居先生：

来信收到。作为国家全民阅读形象大使，这些年来一直在全

国各地为阅读鼓与呼，我从来都是宣传阅读的价值与意义，还真的没有认真想过阅读可能导致的误区和问题。所以，你信中谈到的阅读社会学问题，还真是提醒了我。

你的来信提出了两个重要的问题：一个就是阅读要避免陷入"书本崇拜"和"唯阅读主义"，把阅读神化、绝对化的问题；另外一个就是防止因为阅读把"心"读"坏"了，防止坏书对人的负面影响的问题。这两个问题的确值得思考和研究，也应该在推广全民阅读的过程中尽可能避免。

关于防止"唯阅读主义"的问题。尽管前人早已经有"开卷有益"的古训，但我们的老祖宗也有"尽信书不如无书"的告诫，更有对"读书贵有疑"精神的倡导。其实，只相信书本上说的东西，本身就是不成熟的表现。

在一个人的人生发展历程中，从最初迷信父母（"我爸爸妈妈说的！"）、迷信教师（"老师说的！"）到后来迷信书本（"书上说的！"），再到相信自己（"我说的！"）与具有怀疑精神（"谁说的？"），是一个从盲从走向理性的过程。所以，学会怀疑，本身就是阅读的基本方法、基本要义。

宋代教育家朱熹把怀疑作为阅读方法的重要内容。他说："读书无疑者须教有疑，有疑者却要无疑，到这里方是长进。"也就是说，读书要学会提出问题，有了问题就要追究下去，直到把疑问解决。明代学者陈献章更是把有没有疑问、有怎样的疑问作为阅读是否有成效的标志："前辈谓学者有疑，小疑则小进，大疑则大进。疑者，觉悟之机也。一番觉悟，一番长进。"他认为，善于提出问题，才是真正的"觉悟之机"，也才是一个人进步的真正契机。

的确，智者千虑必有一失，再伟大的著作有时也会有错误。如果把书中的每一句话都当作真理，把每一个论断都当作圣旨，就很容易犯本本主义、教条主义的错误，就会成为"两脚书橱"，被书籍牵着鼻子走。明代著名地理学家徐霞客在读《禹贡》一书时，对书中"岷山导江"的说法产生了怀疑。后来，他通过实地考察，亲身探寻长江源头，终于作出了金沙江是长江上源的新结论，纠正了前代地理学著作中的错误。实践是检验真理的标准。善读书，就要善疑问，善实践，知行合一。这样就不会把阅读神化、绝对化，就会尊重劳动人民的智慧，尊重通过实践得到的知识。

说到"把心读坏"的问题，你引用的"仗义每从屠狗辈，负心多是读书人"，有一个颇为有趣的典故，说的是明代学者曹学佺赴任广西右参议之后，碰到了一起官司。一天皇亲放出斗犬撕咬路人，一秀才奔跑不及，在命丧狗口之际为一屠夫所救。皇亲把屠夫捆绑起来连同死狗一起送到官府，要曹学佺判他死罪给狗偿命。结果曹学佺毫不畏惧皇亲宗室，判屠夫无罪。皇亲感到脸面不保，暗中重金贿赂并威逼恐吓秀才改口供，说他自己和斗犬在玩闹嬉戏，是屠夫无由杀了斗犬，要求重新审理。曹学佺勃然大怒，重判：屠夫无罪；秀才与狗相好、认狗做友、恩将仇报，革去功名。并在案卷上愤然写下了这副"仗义每从屠狗辈，负心多是读书人"的千古名联。

由此自然可以看出，这个故事和结论都是个案，不能够据此就得出天下读书人全部不如屠夫的结论。但是，这里引发一个新的问题，那就是：什么样的书会让人把心读坏？并不是所有的书都是人的精神食粮，能够滋养人的心灵。那些不好的书可能成为精神毒药。英国作家菲尔丁说:"不好的书像不好的朋友一样,可能会把你戕害。"止庵先生也说,"读一本坏书就像去垃圾场转了一圈,而你却认为自己是去旅游了一趟"。从现实生活来看,坏书也是人生歧途的铺路石。

当然,人不是被动地接受书籍的。三观不正的人,读好书也可能读出问题;善于阅读的人,读坏书也不会受其毒害。关键还是我们自己用什么样的态度读书。一方面,我们要学会与那些伟大的书籍对话,汲取大师的人生智慧;另一方面,我们也要善于怀疑,警惕自己随波逐流,人云亦云。掌握这两点,真正成为书的主人,自然就能正面发挥阅读的价值,度过有意义的人生。

你的朋友:朱永新

2018年8月18日,金华富力万达嘉华酒店

书籍是比枪炮更有威力的武器

朱老师：

在20世纪世界出版史上，有一个概念非常特别：军供版图书。它是二战期间美国图书出版、发行组织和美国军方合作开展的一个"国家紧急状态"项目，专门为参战的1600多万美军（他们绝大多数为平民军人）提供便于携带、适合阅读的特制平装书，其选题涵盖各个领域。这些军供版图书，为战壕里、医院里、飞机和舰艇上的士兵排遣寂寞、克服恐惧，坚定战争胜利和与家人团聚的信念，发挥了极为重要的作用。尤为值得一提的是，在战争后期，退伍军人的安置问题被纳入选题范围，一系列为他们重新就业或上学、缓解精神压力、更好地融入战后生活出谋划策的图书应运而生。

对于这种特殊的图书出版项目，朱老师有什么样的观察和思考？我孤陋寡闻，不清楚二战期间的中国战场是否有类似的为军人服务的图书项目。现在假设一下，当时的中国有这样的项目，而且您全程参与其运作，那么，您会从哪些方面来考虑选题、设计书目或推荐什么样的图书？（林茶居）

茶居老师：

谢谢你的来信。你总是出其不意地提出非常有意思的问题。

正好前段时间读过两本书，一本是广西师范大学出版社出版的《当图书进入战争：美国利用图书赢得二战的故事》，一本是商务印书馆的《作为武器的图书》。这两本书讲述的就是你信中提到的"军供版图书"。

其实，战争与图书的关系当然不是从二战开始的。自古以来，两军对垒勇者胜，胜者的智慧除了来自实践，更多的是来自图书。毛泽东一介书生指挥百万雄师，战胜了比自己强大得多的国民党军队，自然与他博览群书密切相关。

但是，真正大规模地把图书用于战争，应该是从第二次世界大战期间开始的。1933年5月10日，这是一个人类文明史上耻辱的日子。这一天，纳粹政府举行了声势浩大的焚书行动，大量的"非德意志"读物被付之一炬。同时，希特勒的《我的奋斗》被大量印刷发行。

1940年下半年，美军制订了一个为所有训练营地订购图书的庞大计划，但由于缺乏资金支持而无法实行。于是，美国图书馆协会发起了一场向军队捐赠书籍的"国防图书活动"。1943年上半年，900多万册图书送达前线，很快成为广大官兵最重要的武器，他们"在图书中找到他们需要的力量，减轻了身体在战场上受到的伤痛，获得了治愈情感和心理伤疤的力量"。同时，图书捐赠活动还成功地把全国人民团结于共同的荣誉感中，"在战场上的战争获得胜利前，他们已经提前在精神上获得了胜利"。随着美军参战进程的深入，"国防图书活动"正式更名为"胜利图书运动"。时任美国总统罗斯福亲自向士兵赠送图书，并且发表声明说:"在这场战争中,我们知道,图书便是武器。"

由于赠书数量和质量都受到一定局限,图书开本等也无法满足前线士兵的阅读需求,一个为军队量身订制的"军供版图书"计划应运而生。首先是图书的开本要便于携带,有关部门专门研究了士兵制服的口袋尺寸,做到大号图书能够装入士兵的裤袋,小号图书能够装入士兵胸前的衣袋,而更小的微型图书能迅速塞到口袋里。其次是图书内容的选择要满足士兵多样化的阅读需求,从当代小说、历史小说、神秘小说、幽默故事、西部小说到励志、冒险、航海、历史、传记、游记、漫画、古典文学、音乐、诗歌、科学等各种题材,都在出版选择范围。在"军供版图书"中,中国作家老舍的《骆驼祥子》被列入书目,译者伊万·金是曾经出任美国派驻中国的外交官,被称为"为数不多的对中国的一草一木都很熟悉的美国人"。

"军供版图书"计划不仅面向在海外的美国军队,同时也面向同盟国军民以及法西斯占领区的千万民众,所以,委员会选配了许多反映美国价值观的书籍,如《伟大时代》《美国如何生存》《美国外交政策和美国的战争目标》等,不仅有英语,还有法语、荷兰语、中文等不同国家的语种,其中就有《缅甸医生》《瓦塞尔医生的故事》和《美国》三种中文图书。英国也加入了这场运动之中,出台了"海外版本系列"图书计划。据统计,在二战中美英出版发行的"军供版图书"总数达到了1.2亿册,超过了纳粹在欧洲烧毁的图书总量。

《作为武器的图书》一书中有一个非常感人的细节:1944年6月6日,盟军在诺曼底海滩登陆,仅仅几周之后,一批令人惊讶的货物——成千上万箱图书,与增援部队、武器弹药、食物药品一起运抵诺曼底海岸,运往法国各地乃至整个欧洲。正如你在信中所说的那样,这些图书为驰骋战场的士兵们排遣寂寞、克服恐惧,坚定战争胜利和与家人团聚的信念,在战后为深受纳粹和日本军国主义宣传机器影响的人们进行"头脑解毒",发挥了极为重要的作用。莫里·古皮提尔·曼宁在《当图书进入战争》的自序中写道:"美国士兵衣兜里揣着图书,向诺曼底海岸发起猛攻,朝莱茵河挺进,解放了欧洲;他们从太平洋的一个死亡之岛跳到另一个死亡之岛,从澳大利亚的海岸进攻到日本的后方。有些人读书是为了记住他们离开了的家乡,有些人则是为了暂时忘记周身所处的地狱般的环境。图书激发了他们的思想,使他们原本疲倦的心骤然振奋。正如那封写给贝蒂·史密斯的信所说,图书既有安慰人的力量,又让人对未来充满新的希望;当人们无处逃避的时候,图书可以成为暂时的避难所。对于美国的许多战士而言,图书是他们最重要的武器。"

关于你在信中询问的二战期间的中国战场是否有类似的为军人服务的图书项目的问题,全国政协委员、二炮政治部原副主任张西南先生在《中美两军二战前后阅读情况比较分析》一文中有一个比较深入的介绍。他写道:日本侵华战争开始后,中国工农红军处于外国侵略者和国内反动派的双重"围剿"之中,我国左翼文艺战线的作家以笔为枪,全力支持红军救亡图存的斗争。鲁迅翻译的法捷耶夫的《毁灭》,曹靖华翻译的绥拉菲莫维奇《铁流》,夏衍翻译的高尔基的《母亲》等被送到根据地和红军部队,对引导青年投身革命、坚定信仰起到了积极的作用。

红军到达延安后,党中央决定正式成立新华书店并逐步向陕甘宁以外地区拓展。毛泽东在延安亲笔为新华书店题写店名,还指示"每个根据地都要建立印刷厂出版书报,组织发行和输送的机关",并且与中央出版发行部门的同志一起研究向各个抗日根据地运送图书的线路,确定最近、最快、最安全的书刊运输线和运输方式,切实做到战斗打到哪里,就把图书送到哪里,力求覆盖所有重要的抗日根据地。新华书店在极端困难的条件下,出版了范文澜的《中国通史简编》,以及《钢铁是怎样炼成的》《日日夜夜》《小二黑结婚》《李有才板话》《李家庄的变迁》等图书,在前线部队引起很大反响。

晋冀鲁豫军区刘伯承司令员要求前线与中高级指挥员抓住作战间隙阅读苏联作家西蒙诺夫的名著《日日夜夜》,联系中国革命战争实际,向书中的主人公炮兵大尉沙布洛夫营长学习。军区政治部大量翻印《日日夜夜》运到部队,规定该书为营以上干部必读书籍之一。进攻太原时,徐向前要求把书中描写楼房战斗的一章摘要印成战场传单,发给担任巷战的部队参考。

在抗战全面爆发前夕,鉴于当时没有现成合适的图书提供给部队阅读,我军便自己动手征稿选编了三十余万言的《二万五千里》,在延安的窑洞里用草纸油印成书下发全军。在抗战即将迎来最后胜利之际,我军又将描写新一代苏联红军战士在同德军浴血奋战中成长的小说《恐惧与无畏》翻译成中文大量印发,为适应战士的文化水平,还编写了通俗本。此外,苏联作家里多夫的《丹娘》《苏联红军英雄故事》等,都是受到前线指战员欢迎的读物。

从上可见,二战期间我国战场上也是比较注意运用图书作为武器来武装官兵的,尤其是注重政治思想与实战技能的学习。但是,受当时我们军队的条件所限以及我国出版业的专业化程度相对落后等原因，图书装备从内容的系统性到形式的适切性，都是明显不够的。

你在信中提到，现在假设一下，当时的中国如果有这样的项目，而且让我全程参与其运作，我会从哪些方面来考虑选题、设计书目或推荐什么样的图书。时光无法倒流，我也不可能回到那个时代去设计一个中国的"军供版图书"。但是，你的问题是有着非常积极的意义的。在这个星球上，战争的硝烟仍然弥漫，战争的危险依然存在。如果敌人侵略我们的国土，如果我们被迫卷入战争，我们是否需要一个这样的项目呢？答案无疑是肯定的。而且，这项工作不能等到战争发生时才开始。

这些年来，我们新阅读研究所已经为幼儿、小学生、中学生、大学生、教师、父母、公务员、企业家等不同人群研制了基础阅读书目，受到了广泛的好评，我们正在研制中小学学科基础阅读书目（针对中小学不同学科），即将启动中国学生学科研究基础阅读书目（针对以大学生为主体的学科研究），我们也完全应该为我们的解放军指战员、为未来战场上的战士研制一个基础阅读书目。

有了二战期间美国、英国等国家的经验，有了研制中国人基础阅读书目的经验，我们有信心研制出一个真正的"军供版图书"书目。退到当时的二战现场，我们的图书配置远远比美军复杂，我们的部队服装不统一，设备不完整，纸张很紧张，我们的战士文盲半文盲很多，只能更多地考虑他们的阅读水平和阅读需要，更多地利用电台、广播等进行推广，简易读物更多以图文并茂的形式出版。

而面向未来的战场，我们应该有比较完整的研制方案。首先，从图书的形式上，应该有电子版和纸质版两种。如果是纸质版，建议采用轻型纸，分量要尽可能轻。图书的装帧要与不同军种的服装相配，尽可能是口袋书，可以直接装入各种口袋和背包，也就是要考虑军人服装与装备的情况。

其次，在内容的选择上，可以吸收美国、英国的经验，尽可能考虑官兵的多样化需求，考虑现代人的阅读特点。所以，一方面要有表现爱国主义精神、追求信仰和人生价值的正能量书籍，要有反映战争生活、乡情亲情的小说，要有安抚情绪、慰藉心灵的作品，要有人文、历史、科技的知识类读物；另一方面也要有为前线战士量身定做的图书。

二战期间最受美军士兵欢迎的图书中，名列前茅的两本是《布鲁克林有棵树》和《快乐无疆》，前者讲述的是阅读让卑微的生命变得高贵，知识可以改变人的修为与命运，最终依靠家庭的力量支撑孩子实现梦想的故事。后者则是一个少女眼中的母亲的故事，热情的个性、善良的心灵、滑稽的人物和浓郁的生活气息，给战争中深怀乡愁、思念亲人的士兵以心理上的安抚和慰藉。前者属于励志类，后者属于情感类。所以，近年来特别受读者欢迎的畅销书，如《红星照耀中国》《解忧杂货店》《追风筝的人》《摆渡人》《岛上书店》《平凡的世界》《假如给我三天光明》《小王子》等，以及关于战争题材的小说《西线无战事》《战争与和平》《永别了，武器》《被遗忘的士兵》《法兰西组曲》《第二十二条军规》《铁皮鼓》等都是可以列入书目的。

在战场上，图书有时候是比枪炮更有威力的武器。这是二战给我们的最好的经验和提醒。

我还要特别感谢你的提醒。也许，我们新阅读研究所会在不远的将来，与有关部门一起合作，拿出一个可以为现在军队的将士和未来战场上的官兵而准备的书目。尽管至今仍然有人对开书目提出不同看法，但是我始终认为，无论什么时代，书目就是一张阅读地图，永远会提供参考，把不同的人带向自己希望去的地方。尤其在信息时代，这样的一张阅读地图在浩瀚的信息世界里，总是有用的。

你的朋友：朱永新

2018 年 9 月 10 日教师节，北京滴石斋

相信书籍与阅读的力量

朱老师：

从以前的问答中得知，您近年有一个"经典重读"的计划，其中包含苏霍姆林斯基的著作。苏霍姆林斯基有一个观点常常被教师引用到文章里面："无限相信书籍的教育力量，是我教育信念的一个信条。"他还指出，书籍"并不是真理的仓库，而是内心体验的源泉"，"阅读与面对书籍思考，应成为学生的智力需要"。在营造阅读氛围、促进学生阅读方面，苏霍姆林斯基也有很多切实的措施，比如发动全体教师编制"童年、少年、青年时期阅读的好书目录"，帮助学生建立"个人藏书"，等等。今年是苏霍姆林斯基诞辰一百周年。利用这个契机，请您集中来谈谈苏霍姆林斯基的阅读观。谢谢！
（林茶居）

茶居：

你好！谢谢你的问题。这个问题，正中我怀。

今年是苏霍姆林斯基诞辰一百周年。苏霍姆林斯基与孔子的诞辰日在同一天：9月28日。这一天，我们在北京举行了"领读者大会",纪念两位伟大的教育家和"领读者"。

在中外教育史上,几乎很难找到第二位像苏霍姆林斯基一样,既拥有深厚的学术素养,又拥有丰富的教育实践,还以常人难以想象的勤奋与坚持,记录下自己的思考与探索的教育家;也很难找出第二位像他那样重视阅读,系统全面论述阅读的意义与方法,又身体力行推广阅读的教育家。

正如你信中提到的那样,在我近年来的重读经典的学习计划中,曾经有一年多的时间,每天早晨用晨诵的方式与苏霍姆林斯基对话,先后整理出版了《苏霍姆林斯基教育箴言》和《大师教你做父母——对话苏霍姆林斯基》等著作。所以,我非常乐意就你信中要求的就苏霍姆林斯基的阅读观作一些介绍。因为我发起的新教育实验在"营造书香校园"方面的一些理念与行动,都受到苏霍姆林斯基阅读观的深刻影响。

我认为,苏霍姆林斯基的阅读观,首先体现在把阅读作为学校最根本的任务。他说:"一所学校可能什么都齐全,但如果没有为了人的全面发展和丰富精神生活而必备的书,或者如果大家不喜爱书籍,对书籍冷淡,那么,就不能称其为学校。一所学校也可能缺少很多东西,可能在许多方面都很简陋贫乏,但只要有书,有能为我们经常敞开世界之窗的书,那么,这就足以称得上是学校了。"在这个意义上说,苏霍姆林斯基是把阅读作为学校甚至教育的基本活动和本质特征的。为了使学校成为真正的读书场所,成为师生共同的精神乐园,苏霍姆林斯基从学校的图书馆建设到师生读书习惯的养成等方面提出了一系列独特的见解。

苏霍姆林斯基认为,图书馆在学校发展中发挥了十分重要的作用,因此,他十分重视学校的图书馆建设。学校应有足够的图书供学生阅读,甚至边远的农村学校也不例外。他说:"在学校图书馆或教师私人藏书中,应当备有发展了教学大纲材料知识的书籍。这类书籍已出版很多,正在出版的也不少。阅读有关现代科学前沿的书籍,阅读这类书籍有助于阐明学校的基础知识。""学校应成为书籍世界。你可能是在我国遥远的角落里工作,你所在的乡村可能远离文化中心数千公里,你学校里可能缺少很多东西,但如果你那里有充足的书籍,你的工作就能达到与文化中心同样的教育水平,取得同样的成果。"

他强调学校应真正利用好图书馆的书籍,形成良好的读书风气。他说:"学校的颇具危险性的通病是缺乏读书气氛,书籍没有进入学生的生活,成为他们日常的精神需要。图书馆的书架上书籍可能不少,可它们却在那里沉睡。……学校教育和教学的最重要的任务就是使青少年把读书作为最大的享受,促使他们从小就开始藏书,并将之视为引以为豪的传家宝。生活证明,如果培养出的年轻人酷爱读书,那么他不会在闲暇时因无所事事而苦恼,更不会追求无谓的消遣。一个人的精神需求是不应靠别人来满足的,而应靠自己去创造个人的精神生活。"在古今中外的教育家中,很少有人如此重视学校图书馆的作用与图书馆的建设。

苏霍姆林斯基十分重视教师在学校阅读生活中的主导作用。在他看来,阅读是教师成长的基本途径。他对年轻教师说,教育是一门艺术,"为掌握这一门艺术,应多读书和多思考。你们读过的每一本书,都应该作为一件精巧的新工具,设法收入你们的教育工厂里"。他希望教师"要天天看书,终身以书籍为友",认为"这是一天也不断流的潺潺小溪,它充实着思想江河。阅读不是为了明天上课,而是出自本性的需要,出自对知识的渴求。如果你想有更多的空闲时间，想使备课不成单调乏味地坐着看教科书，那就请读科学作品，要使你所教的那门科学原理课的教科书成为你看来是最浅显的课本。要使教科书成为你的科学知识海洋中的一滴水，而你教给学生的只是这门知识的基本原理"。

他还要求教师成为学生阅读的引路人。苏霍姆林斯基指出，教师不仅是教他自己所任的那门学科，更是"学生的教育者、生活的导师和道德的引路人"，因此，教师要为学生提供优秀的作品，并进行积极的引导。他说："假使一个班有30个学生，就是说，在教师图书馆的书架上就应当有学生倾心阅读的300本书。书籍可以把惊讶转化为求知欲。阅读展现在人们面前的是精神生活的魅力。使一个人成为思想劳动者，有赖于他在少年时代和青年早期怎样阅读和阅读什么。教师教的不管是哪一门功课，都应当激发学生对书籍的迷恋，这里指的是那些渗透着思想性，能使一个即将步入生活的人得到提高，变得高尚起来的书籍。"他又说："教师要善于使少年的心灵倾倒于一本好书，要唤起对道德美的赞誉之情……教师的语言是把道德美展现在少年面前的推动力和促进力，具有着决定性的意义。没有这种推动力和促进力，书籍就像沉睡在图书馆书架上的巨人。教师的语言，这是活命之水，它使沉睡的巨人苏醒过来，投入少年的臂膀，拨动他的心弦和理智，往他的胸怀里灌输神奇的力量。"我们可以看到，在苏霍姆林斯基的教育思想体系中，教师首先是一个热爱阅读的人，一个善于指导学生阅读的人。

总之，苏霍姆林斯基认为阅读是学校最根本的任务，而这个任务的完成是以学校丰富的藏书为基础的，需要师生的互动和努力，尤其需要教师成为学生阅读的领读者。

其次,苏霍姆林斯基的阅读观主张,阅读是学生精神发育最重要的源泉。苏霍姆林斯基认为阅读能培养学生的学习兴趣。他说:"在学龄中期和晚期阅读科普读物和科学书籍所起的作用,与学龄早期进行观察的作用相同。善于细看和观察的学生,就会养成对科学书籍的敏感态度。不经常阅读科普和科学读物,就不可能对知识有兴趣。如果学生不越出教科书的范围,就谈不上对知识有持久的兴趣。"因此,他主张有经验的老师"把无边无际的知识世界之窗微微打开一点",让他们在"畅游广袤无垠的知识海洋的前景"前激动起来。

苏霍姆林斯基认为阅读能减轻学生的学习困难。他说:"学生的学习越困难,在脑力劳动中遇到的困难就越多,他就越需要多阅读:就像感光力弱的胶卷需更长的感光时间一样,成绩差的学生的智力也需要更明亮和更长时间的科学知识之光来照耀。不是补习,不是没完没了的'督促',而是阅读、阅读、再阅读,能在学习困难学生的脑力劳动中起决定性作用。""请记住,愈是困难的学生,他在学习中遇到似乎不可克服的困难愈大,他就愈需要阅读。阅读能教他思考,思考会刺激智力觉醒。书籍和由书籍唤起的生动活泼的思想,是防止读死书的最有力手段。"这个观点对于我们的教育现实尤其有重要的参考价值。我们经常把阅读作为学习之余的活动,作为优秀学生在学习任务完成以后的补充,而没有作为所有学生尤其是学习困难的学生的重要的直接的目标。

苏霍姆林斯基认为阅读能发展学生的智慧。他指出:"学生的智力发展取决于良好的阅读能力。一个能够在阅读的同时进行思考的学生,比起不掌握这种乍看起来很简单的迅速阅读能力的学生来，就显得能够更迅速、更顺利地应付任何作业。在他的脑力劳动中就没有死记硬背。他阅读教科书或别的书籍时，比起那种不会同时阅读和思考的学生来，情形就完全不同。他在读过以后，能够清晰地领会对象的整体和组成部分、相互依存性和相互制约性。"这就非常清晰地阐明了阅读与学生智力发展的内在关系。

苏霍姆林斯基认为阅读能完善学生的道德。他指出："阅读之所以能成为一种强大的教育力量，是因为人在赞赏英雄人物的道德美和努力模仿的时候，就会联想到自己，用一定的道德尺度来评价自己的行为和自己的为人。"这就是说，书籍中的英雄人物对学生的道德会起到一种引领作用，学生会自觉不自觉地模仿英雄与榜样的行为。苏霍姆林斯基还指出，阅读本身也蕴含着道德实践的意蕴。"如果他对某一本书感兴趣，他也可以从班里或走廊里的图书陈列橱里去拿，就地翻阅或带回家去阅读。当他读这本书时，孩子在此刻想着，别的同学也在希望或者正在等着看它。一些有趣的书，在低年级学生中几乎是不间断地互相传阅着，直到大家都读过了才能在书架上看到这本书。"这里，"当他读这本书时，孩子在此刻想着，别的同学也在希望或者正在等着看它"，便是一种道德的自我教育。

苏霍姆林斯基认为阅读能充实学生的精神世界。他曾经说过，"如果一个少年还没有着迷地爱上一本科学书籍，在'思考之室'里没有他最喜欢去翻阅图书的那个书架，那就是说，我们还没有找到通往他的心灵的那条小路。当少年在'思考之室'里读过几本书而体验到认识的乐趣以后，他才会在家里看书。一个人在少年时期和青年早期读过哪些书，书籍对他意味着什么，这一点决定着他的精神丰富性，决定着他对生活目的的认识和体验。这一点也决定着青年人的观点和情感的形成，决定着他对自己的义务的态度"。在苏霍姆林斯基看来，学生读什么书，甚至会决定今后他成为什么人。

因此，苏霍姆林斯基要求学生养成阅读的兴趣和良好的读书习惯，真正能够领略畅游书海的快乐。他指出："最重要的一点，就是要让一个人在童年时期、少年时期和青年早期的精神世界里，形成一种迷恋阅读的坚定不移的感情，能跟一本有趣和有用的好书单独待上几个钟点。任何别的娱乐也不能跟书海览胜的欢乐相比。而这一点仍然取决于教师给学生带来的是什么。谈论书籍的时刻，应当成为师生精神交流最灿烂的时刻。书籍给予他们的是无与伦比的满足。从童年时代起，就让一个人向往能留下深刻印象的聪慧而高尚的书籍，就让思索成为他最大的乐趣，这一点是何等重要啊！"苏霍姆林斯基认为，真正的阅读是快乐的，一个善于阅读的学生一定会拥有丰富的精神世界。因此，教师最重要的教育艺术之一，就是激发学生的阅读之乐。

再次，苏霍姆林斯基认为阅读是教师专业成长最基本的途径。他认为，教师是学生学习的导航者与引路人。教师的教育艺术取决于教师的知识广博和专精，而阅读是教师专业成长最基本的途径。苏霍姆林斯基指出："只有把自己知识的 1% 用于课堂讲授就够了的教师，才是真正热爱自己学科的人。"这就是说，一名只读教科书的教师，永远不可能成为真正的教师。"上课时似乎在必要的知识和超出教学大纲范围的知识之间架起了一座小桥，教师引导学生在这座小桥上走——只有在这种情况下，教育者的个性对受教育者的个性的教育影响才能达到高水平……只有当学生产生了想要比在课堂上获得更多知识的愿望，这种愿望成了推动他学习和掌握知识的一个主要刺激因素时，教师才能成为知识的明灯，因而也成为教育者。"

阅读之所以重要，还不仅仅在于它能促使教师教学能力的提高，更在于它能引起师生的共鸣，成为师生友谊的桥梁。"如果一位教师没有在书的世界里的生活，师生的友谊是不可思议的，因为这种友谊的基础是丰富多彩的智力兴趣。"他深信：教师"借以在学生身上延续自己最美妙和最敏锐、最聪明和最有力的东西——这是对书籍的崇尚，对书籍的热爱"。

苏霍姆林斯基把阅读作为对教师的根本要求，甚至把阅读作为他给青年教师的"遗嘱"。他在《寄语后来人》中表达了这个坚定的信仰和殷切的期望——"我年轻的朋友，我还有一条遗嘱：用知识哺育自己。我们教师用知识哺育自己，不仅是为了我们的学生在从集人类斗争和智慧之大成的书籍中读到火热的词句时，能够理解它们不朽的思想，而且是为了我们教师本人成为学生取之不竭的知识源泉，成为学生走向可以满足认识、发现和学海览胜这种高尚渴望的溪流。只有当这股溪流永不干涸时，才有可能用知识进行教育。请记住乌克兰的伟大作家、哲学家和教育家伊万·弗兰科的话：'现代教师永远应当是学生。'我们最应关心的是使向我们提供养料的知识之泉不致枯竭。""这种知识之泉便是书籍。读书，读书，再读书，在书的世界里紧张地生活吧。如果您在书的世界里没有独特而深刻的个人生活，您就不可能成为教师。就像花朵向着太阳那样，学生的求知智能和敏锐心灵向往的是知识的灯塔——教师。但只有每天给思想之火添上书籍这种智慧燃料的人，才可能成为知识的灯塔。"

那么，教师应如何阅读？苏霍姆林斯基认为要遵循以下几点。一是教师需要有自己的藏书。"书籍和个人藏书，对人民教师来说有如空气般重要。没有书，没有阅读的渴望就不成其为教师。阅读乃是教师思想和创造的源泉，乃是生活不可或缺的部分。没有读书的需求，整个教育制度就会垮掉。"二是教师的阅读要广博。"解剖学、生理学、心理学和缺陷学等方面的书籍，都应当是一个善于思考、进行创造性工作的教师的案头必备的书籍。""读书，读书，再读书！——这是教师的教育素养这个品质所要求的。要读书，要如饥似渴地读书，把读书作为精神的第一需要。对书本要有浓厚的兴趣，要乐于博览群书，要善于钻研书本，养成思考的习惯。"三是教师阅读需要有时间作保障。"应当尽可能给教师留出更多的时间用于自学，让他们从书籍这个最重要的文化源泉中尽量地充实自己。这是全体教师精神生活基础的基础。"四是教师阅读需要有一个读书的集体，只有在读书集体中才能形成阅读的气氛，提高阅读的效率。他说："怎样才能使读书成为每个教师的需要呢？这里很难提出什么专门的方式、方法来。看书学习的需要只能在教师集体的整个精神生活的气氛中养成。""有了集体思考、集体讨论、座谈、生动活泼的争论和钻研精神，才会有爱读书的风气。"

苏霍姆林斯基的阅读观内容丰富，博大精深，我这里介绍的只是其中很少的一部分内容。让我们一起记住他关于阅读的最经典的名言："无限相信书籍的教育力量，是我教育信念的一个信条。"

你的朋友：朱永新

2018 年 10 月 1 日国庆节，北京滴石斋

成为"世界图书之都"的真正意义

朱老师：

1995年正式批准设立"世界图书日"之后，2001年，联合国教科文组织启动了一个新项目：世界图书之都。作为"世界图书日"的承继，它被公认为是当下全球图书与阅读领域中最成功的项目。

"世界图书之都"是一种荣誉，由相关组织每年推选一座城市，以表彰它在图书出版和公众阅读方面作出的贡献。被确定为"世界图书之都"的城市，以一年为单位，围绕阅读、出版、创作、版权等主题，面向全社会、面向广大民众，举办各种有作家、出版人、图书销售商和政府相关部门、民间相关组织共同参与的活动。到目前为止，已有17座城市成为"世界图书之都"，其中包括亚洲的4座城市：2003年，印度新德里；2009年，黎巴嫩贝鲁特；2013年，泰国曼谷；2015年，韩国仁川。

2014年，青岛市与深圳市曾申请"世界图书之都"，两城均为我国全民阅读水平较高的城市。特别是深圳市，连续26年人均购书量排全国第一，市民人均日阅读时间超一小时，每万人即拥有一座图书馆，曾被联合国教科文组织评为"全球全民阅读典范城市"，但最终还是落选了。

有国内媒体在相关的报道中发出追问：我们离"世界图书之都"究竟有多远？报道认为，我们将"世界图书日"误会成了"世界读书日"，只强调"阅读"，未涉及"出版"与"创作"；其次，"基本忽略了版权概念"。

这些年我到深圳出差，曾经几次跟当地的朋友聊过这个事情。我和朋友们都认为深圳应该继续申办。

那么，如果深圳重新启动申办工作，您对申办团队有什么建议？（林茶居）

茶居老师：

你的问题总是很"烧脑"。不过，很有意思，也很有挑战性。

这个问题，是我非常愿意回答的。的确，如你所说，我们把"世界图书与版权日"（World Book and Copyright Day）错误地翻译为"世界读书日"。这个错误导致了许多相关问题。除了包括深圳在内的城市在申请"世界图书之都"时，因为比较重视阅读，而相对忽视了出版、版权与知识产权保护方面的工作而落选。我从 2003 年开始在全国政协和全国人大提出设立"国家阅读节"，因为已有"世界读书日"，便一直未能实现。

1995 年，国际出版商协会在第二十五届全球大会上提出"世界图书日"的设想，并由西班牙政府将方案提交联合国教科文组织。后来，俄罗斯认为，"世界图书日"还应当增加版权的概念。所以，1995 年 11 月正式确定每年 4 月 23 日为"世界图书与版权日",值得注意的是,因为是西班牙政府提出的申请,所以这个纪念日同时也是西班牙著名作家塞万提斯和英国著名作家莎士比亚的辞世纪念日。这也是我一直希望中国把孔子诞辰日作为我们国家阅读节的原因所在,我们需要一个原汁原味的、属于中国的阅读节。

你信中提出的希望深圳重新申请"世界图书之都",我是非常赞成的。这些年来,我一直关注着深圳在阅读方面所作的努力,我认为深圳无愧于这个称号。这个年轻的移民城市,这个曾经一度被认为是文化荒漠的城市,经过改革开放40年的洗礼,经过多年自觉的文化建设,已经成为中国的阅读之都,成为全民阅读的重镇。

从2000年开始,深圳市把每年11月定为深圳读书月。深圳读书月秉承营造书香社会、实现市民文化权利的宗旨,每年举办三四千场阅读文化活动,已经形成深圳读书论坛、经典诗文朗诵会、年度十大好书、年度十大童书、领导荐书、诗歌人间、中小学生现场作文大赛、书香家庭、赠书献爱心、绘本剧大赛、青工阳光阅读、手机阅读季、海洋文化论坛、温馨阅读夜等许多知名品牌,成为深圳的城市名片。

从2003年开始,深圳实施"图书馆之城"建设计划。经过12年的努力,建成了比较完善的公共图书馆系统,拥有大小图书馆621家,其中,226家主要图书馆实现"统一服务",实现了全市文献资源的共享和大流通。深圳的自助图书馆规模也已达到220家,全市图书馆(服务点)近千家。

从2014年开始,深圳开始实施"一区一书城,一街道一书吧"的发展战略,目前已经拥有大型书城4个,书吧7个,一批书城和书吧正在建设之中。

目前，深圳拥有全世界单店面积最大的书城——占地8.7公顷、经营面积4.2万平方米的深圳中心书城，拥有面向成人的人文社科、语言文字、经济管理、生活、科技、艺术等各类专业书店，和面向儿童的少儿书店，以及各种特色书店，还有"永不落幕的24小时约会地"——中心书城24小时书吧，以及"深圳晚八点"等精彩纷呈的文化主题活动。

深圳的民间阅读推广机构和推广人也渐成规模。深圳市新闻出版局先后举办了多期阅读推广人培训班，已经有140余人获得"阅读推广人"资格，各种阅读推广机构活跃在深圳的各个角落。

有媒体记者曾经写道："对于如今的深圳人来说，天天都是阅读日。从已经坚守了19年的深圳读书月，到每天异彩纷呈的读书活动，读书已经成为深圳人血脉中的文化基因，深圳也因热爱读书成为一座更受人尊重的城市。"我想，这样的赞誉一点也不为过。深圳完全具备申请"世界图书之都"的条件。

如果说我对深圳继续申请有什么具体建议，我想，当然要把之前推动阅读的诸多工作进一步深化，除此之外，还可以从以下几个方面着手。

第一，启动深圳的"城市写作计划"。世界上很多城市，都有这样非常有意义的写作计划，邀请国外的作家到自己的城市住一段时间，可以把自己未完成的书稿带来，把在这个新城市的体验融入书中；也可以对这个城市进行新的探寻，写出自己想写的故事。我最近正在看冯骥才先生的《漩涡里》一书，其中就谈到奥地利政府邀请他去写维也纳的故事。上海从2008年开始就启动了一个叫作"上海写作计划"的项目，至今已有超过90位外国作家参与到这个项目之中,"留下了各自的丰富、独特的体验,并将为期两个月的停留时间无限延展到自己的书写记忆中"。对于深圳这样一座充满活力与创造精神的城市,有着太多的美丽故事,邀请国内外知名的作家来体验、写作,对于深圳申请"世界图书之都"无疑是有重要意义的。当作家们用自己的母语写出他们眼中的深圳,当深圳的故事为世界更多的人所熟悉,当深圳的主题图书出现在世界各地的书店时,阅读,写作,出版,自然就融为一体了。

第二,做好版权与知识产权保护的工作。深圳是我国知识产权创造最为活跃的城市之一,2017年深圳PCT国际专利申请量达20457件,占全国总量的43.07%,连续14年高居全国榜首。在第十九届中国专利奖评审中,深圳获专利金奖五项(含外观设计金奖),占全国总数的20%,居全国大中城市第一。在第三届中国商标金奖评审中,深圳获商标金奖三项,占全国总数的12%。

为了做好版权与知识产权的保护工作,深圳市先后成立了版权局、版权协会,加强了对影视动漫、音乐、软件、文学、创意设计、数字内容等产业的研究与保护。2018年年初,深圳市内容产业知识产权联盟正式成立,该联盟将加快深圳内容产业链知识产权服务资源的战略整合,提升内容产业知识产权创造、运用、保护、管理和服务的整体水平。2018年8月,《深圳经济特区知识产权保护条例(草案)》首次提交市六届人大常委会第二十七次会议审议,这是深圳运用特区立法权,对知识产权进行最严格保护的重大措施。深圳的这些做法,应该纳入申报"世界图书之都"的内容之中,用事实和数据讲述深圳的版权和知识产权保护的工作，同时继续深化细化这方面的工作。

第三，继续打造深圳出版与传媒的品牌。深圳作为一个新型城市，出版和传媒的资源与北京、上海及世界的许多大都市仍然有比较大的差距，但是，无论是海天出版社，还是《深圳特区报》、《深圳商报》、《晶报》、《深圳晚报》、深圳电视台、深圳广播电台等，都非常有活力和特色。深圳出版发行集团拥有5600多名员工，总资产超过10亿元，年销售额超过7亿元，形成了以图书的编辑出版、发行和文化产品流通为核心业务，涉及教育培训、数码科技、物业管理、书业软件、文化艺术用品及广告等行业的发展格局，在业内外获得了广泛认可。接下来如何进一步做强做大，与国内外的出版传媒机构深度合作，引进更多的品牌出版与传媒机构，出版更多的精品力作，把深圳建设成为出版传媒的强市，是深圳申请"世界图书之都"需要下功夫之处。

"让城市因热爱读书而受人尊重。"这是深圳人的文化追求，也是深圳给自己城市的精神定位。我相信，只要深圳人努力向着这个目标前行，就会有着"世界图书之都"之实，而"世界图书之都"的称号，只是时间问题。

当然，最重要的并不是评比本身，而是通过这样的申报与竞争，让越来越多的人重视阅读和版权，重视自己的精神生活，让生活变得更加美好。从这个意义上说，我们对与图书有关奖项的积极参评，本身已经是一次自我的精神洗礼。这是参评"世界图书之都"的最大意义。这已经是我们最大的收获。

你的朋友：朱永新

2018年12月12日，北京滴石斋

 阅读让古城永葆青春

朱老师：

在上一封信当中，您对深圳申报"世界图书之都"提出了非常好的意见与建议。我知道，您一直把苏州视为"第二故乡"。如果苏州也准备申办"世界图书之都"，您认为应该先作哪些准备？（林茶居）

茶居老师：

其实即使你不问我这个问题，我也会在心中问自己这个问题。

苏州和深圳，中文拼音的简称是相同的。在写作的时候，这两个城市的名称经常在我的电脑中交替出现，互相混淆。

这两个城市，一个是文化底蕴丰厚的千年古城，一个是创新活力四射的年轻名城。当年我在苏州工作的时候，两个城市就是彼此学习和借鉴、彼此竞争而又合作的城市。我一直关注着深圳的信息，留意这个城市发生的故事，思考这个从小渔村迅速脱胎为现代化都市的原因，想象这个不可思议的城市会有怎样不可思议的未来。

到北京工作以后,《深圳特区报》一直在我的案头,苏州的信息也一直响在我的心头。看到深圳全民阅读开展得如火如荼,看到深圳成为联合国教科文组织授予的"全球全民阅读典范城市",我马上就会想到苏州。我在《姑苏晚报》上开辟专栏十年,每个星期都会以文字和苏州人交流,前不久还将专栏结集为《回家》一书,由苏州高新区图书馆举办了新书发布会。苏州和深圳,这两个城市就是我观察中国阅读的双子星,就是我理解中国全民阅读的两个坐标。

总的来说,我觉得苏州的阅读文化传统比深圳深厚,深圳的阅读发展势头比苏州迅猛。

苏州是全国首批24个历史文化名城之一,自古就是人文荟萃之地。从科举制度诞生至清1300年间,全国共出状元596名,其中苏州一地独占鳌头,达45名。截至2017年,苏州籍的两院院士达117名,位居全国第一。

在中国私家藏书史上,苏州也是一个极负盛名的地方,仅仅苏州所属的常熟,就有何氏娱野园、赵氏脉望馆、冯氏空居阁、钱氏绛云楼、爱日精庐张氏、铁琴铜剑楼瞿氏等藏书世家,其中铁琴铜剑楼被誉为四大藏书楼之一。

近年来,苏州在全民阅读方面做了大量卓有成效的工作。2006年,苏州在全国率先探索公共图书馆总分馆体系建设。2011年,苏州市政府正式颁布《苏州市公共图书馆总分馆体系建设实施方案》后,总分馆建设进入新的阶段,各级财政累计投入40多亿元,改善公共图书馆软硬件设施。目前,苏州图书馆已拥有80家分馆,两个24小时图书馆,两辆流动图书车,三个轨道交通图书馆,一套文化方舱和98个网上借阅社区投递服务点。建筑面积为 45332 平方米的苏州第二图书馆，占地 21 万平方米的书香公园也都即将竣工。

2012 年，苏州把"书香城市"建设列为十大文化工程之一，全面开启了"书香苏州"建设工程，并且在全国率先组织编制《"书香苏州"建设指标体系》。以"阅读，让苏州更美丽"为主题的苏州阅读节，到 2018 年已进入第十三个年头。这一年的阅读节，开展了丰富多彩、形式多样的各类特色读书活动，总计 1479 项，成为名副其实的"群众的节日、阅读的盛会"。

苏州的阅读公共服务和阅读推广工作也颇具特色，苏州图书馆的"悦读宝贝"计划是中国大陆首家英国"阅读起跑线"的成员馆，每年向 0—3 岁婴幼儿发放"阅读大礼包"。通过以"全民阅读手拉手"为重点的结对共建志愿服务，对城乡低收入居民、老年人、残障人士、外来务工人员等特殊群体提供阅读支持。支持专业阅读研究推广机构、民间读书会、书友会、读者俱乐部、虚拟阅读社区等共同参与全民阅读活动，向市民免费发放《市民阅读手册》《苏州传世名著（导读卷）》等，引导和推进全民阅读深入开展。2017 年，苏州市以总分第一的成绩成为江苏省首批书香城市建设示范市。

在版权保护方面，苏州也做了许多卓有成效的工作。市政府出台了《关于加快建设知识产权强市的意见》等重要文件，每年编撰《苏州市知识产权发展与保护状况》（白皮书），着力在全社会营造尊重版权、保护版权的良好氛围。设立了版权引导专项资金，支持企业加强版权运营和版权产品开发，加快版权产品的产业化进程，着力提高版权与企业发展成长的关联度和贡献度。2017 年，全市版权作品登记量达 7.29 万件，版权产业增加值为

17600亿元，占GDP的比重为9.25%，成为国家级版权示范市。

应该说，苏州已经具备了申报"全球全民阅读典范城市"和"世界图书之都"的基本条件，只要苏州市委市政府下决心，像当年抓乡镇经济、外向型经济，抓建设国家卫生城市和文明城市那样，上下同心，凭苏州人民的智慧和实力，假以时日，一定能够戴上这两个桂冠。

首先，需要市委市政府达成共识，把打造书香城市的努力用几年时间提升为城市名片。苏州本身是一座具有世界影响的文化名城，素有"东方威尼斯"之称。苏州的古典园林，苏州的刺绣、昆曲、评弹等诸多文化遗产，都有着世界性的影响力。人文苏州，应该成为苏州面向世界的一张名片。文化其实不是软实力，而是真正的城市实力。一座书香充盈的城市，才能成为真正的精神家园。根据国家统计局相关调查显示，苏州居民对于"书香苏州"建设和"苏州阅读节"的知晓率还不够，说明苏州在全民阅读品牌推广的方式方法上还有待改进，在这个方面还有很大的空间。苏州阅读节起步远远早于深圳，但是深圳读书月的品牌已经唱响全国。深圳市委市政府刻意打造书香城市的意识，值得苏州借鉴。

其次，要进一步加大书香城市的投入力度。相对于经济建设而言，文化的投入可以起到四两拨千斤的作用。我曾经提出过一个建设"书香宾馆"的建议。苏州是一个旅游城市，如果所有的游客能够在自己所住的酒店和房间里读到自己想读到的书，如果我们的图书馆和书店的服务能够延伸到宾馆，无疑将成为一道新的风景线。我知道，其实苏州在全民阅读方面的投入并不少，但是政府扶持的力度及转化率还需要加强和提高。苏州政府有些资金以及各类扶持已经开始深入到更基层的阅读推广组织和推广人。比如"新教育萤火虫亲子共读苏州分站"自2011年成立以来，已经完全免费地开展了近千场活动，去年开始得到政府支持，成为正式注册的公益机构。不过，这种行动还落后于深圳的广度与力度，有待于从数量上和影响力上，进一步扶持和促进民间阅读团体的发展。

再次，要讲好苏州的阅读故事和版权保护故事。苏州人一贯低调，只做不说，多做少说。除了版权部门、图书馆和阅读界的专家外，苏州的阅读故事和版权保护故事仍然是"藏在深闺人未识"。苏州全民阅读的推广还没有更好地融合新媒体，推广方式偏传统。应该说，《苏州日报》和《姑苏晚报》的办报水平绝不亚于《深圳特区报》，但是《深圳特区报》在北京和其他地区大量配送，影响有影响力的人，其被知晓率远远高于苏州的媒体。

最后，苏州的出版业、印刷业需要进一步做强做大。苏州在古代是著名的出版印刷重镇，现在苏州的印刷业仍然比较发达，但是出版业相对比较落后，苏州的两家出版社规模都不够大，一直没有走出苏州。相对而言，桂林的广西师范大学出版社、漓江出版社、接力出版社，青岛的青岛出版社，深圳的海天出版社，都具有全国性的影响。深圳的雅昌印刷，也是具有国际先进水平的印刷企业。这个方面，苏州还有很大的发展空间。

其实，又何止苏州呢？在中国辽阔的土地上，有着无数苏州这样的古城，也有着无数深圳这样的新锐。换一个视角来看，在地球这蓝色的星球上，中国是否就是一座有着五千年历史的古城呢？如果从外星人的角度来看，地球是否就是一座有着40亿—46亿年历史的古城呢？

每一片土地，都需要有自己的积淀，也需要激发当下的活力。书店和图书馆是精神客厅，阅读缔造着精神家园。阅读，既是一种简便易行的积淀，又是一种可以激活当下焕发青春的行动。如果以建设"全球全民阅读典范城市"和"世界图书之都"作为自己的精神追求，无论苏州还是深圳，或者中国其他任何一座城市乃至乡村，都一定能够有新的成长、新的建树、新的风景、新的境界。

追求一个美好的目标，就好比让自己朝向明亮那方。重要的不是把城市通过评比分为三六九等，而是这样的不断行动、不断创新、不断努力、不断成长，应该成为我们永恒的追求。

你的朋友：朱永新
2018 年 12 月 20 日，北京滴石斋

教育著作如何"走出去"

朱老师：

近些年，您的教育著作有不少实现对外输出，出版了好些外文版。在进一步推动改革开放的大背景下，从国家主管部门到一些出版社，都在认真探索文化输出、国际合作出版的途径和方式，图书版权交易呈不断增长的态势，但"贸易逆差"一直存在，尤其是在教育图书版权的输出方面，相较于教育图书版权的引进，"逆差"更是明显。就教育图书的这种现状而言，您认为其中的主要原因是什么？在未来的一段时间内，我们应该通过怎样的努力来进行改变？（林茶居）

茶居老师：

非常幸运，最近这些年来，我的一些著作版权被国外引进，先后有20余种著作被陆续翻译成15种文字。其中规模较大的有"朱永新教育文集"（10卷本，人民教育出版社）被翻译为韩文，"朱永新教育作品集"（16卷本，中国人民大学出版社）被世界上最大的教育出版商麦克劳希尔教育集团翻译为英文，《中国教育思想史》（上海交通大学出版社）被翻译为日文和俄文。另外，

《中国新教育》被翻译为阿拉伯文、法文、西班牙文，《朱永新教育小语》被翻译为尼泊尔文、韩文，《朱永新教育演讲录》被翻译为德文、韩文等。此外，我与孙云晓等主编的父母读本《这样爱你刚刚好》（21卷）被翻译为西班牙文。最近，《新教育实验：为中国教育探路》再一次被麦克劳希尔选中，作为朱永新教育作品的第17种翻译出版。

能够有这样的幸运，得益于我国经济社会发展的高歌猛进，得益于中国逐步走向世界舞台的中央，也得益于近年来文化出版"走出去"的国家战略。每年我都会参加在北京举办的国际图书博览会，就明显感到我国出版贸易的变化。

2017年，我国出版业共输出版权13816项，其中输出图书、音像制品、电子出版物等出版物版权12651项；版权输出总量较上年增长24.1%，其中出版物版权输出增长29.0%。而且，版权输出地区主要集中在美国、英国、德国、韩国等发达国家和地区，开始逐步走进国际主流文化市场。同时，对越南、泰国、印度尼西亚、印度、尼泊尔、吉尔吉斯斯坦、阿联酋、黎巴嫩、埃及等"一带一路"沿线国家版权输出增长较快。

据了解，近年来，中国版权输出比例从15∶1缩小至2.6∶1，也就是说，过去我们引进15种左右的国外图书输出一种图书，现在的比例已经降为引进不到三种就有一种输出。韬奋基金会理事长聂震宁曾经告诉我，最初我们与美国的比例差不多是1∶100。

我相信，借着文化"走出去"的东风，同时随着我国教育事业的发展，教育著作被翻译引进到国外的案例会越来越多。

从国家的层面来说，有"经典中国国际出版工程"，这是2009年新闻出版总署为鼓励和支持适合国外市场需求的外向型优秀图书选题的出版,有效推动中国图书"走出去"而直接抓的一项重点骨干工程。还有"丝路书香出版工程",是中国新闻出版业唯一进入国家"一带一路"的重大项目。这两个工程大部分是与国际主流出版机构合作,把中国的优秀图书翻译成各种不同的文字。其中教育类图书虽然数量不多,但是每年都有一些入选。我的《中国教育思想史》俄文版和《致教师》英文版,就分别入选了这两个项目。

从我们的直接感受而言,我国教育著作的引进与输出的比例,可能远远低于其他学科领域的平均水平,甚至可能远远低于最初与美国的比例 100∶1。教育著作的"走出去"需要下更大的功夫。

我认为,中国教育著作的"走出去",至少取决于三个重要的前提条件。

第一,中国教育事业的健康发展,为世界教育创造可以借鉴的经验。英国柯林斯学习出版社花费 3 亿英镑引进上海的数学教材,就是因为上海在国际 PISA 测验中成绩领先,数学成绩更是卓越不凡。我的著作之所以受到国际关注,最重要的原因也是因为国家强大了,世界想知道中国教育究竟为中国的经济贡献了什么。当然,作为一个民间的教育实验,新教育能够在全中国 140 多个地区、4200 多所学校开展,也是吸引国外同行与出版社关注的原因。

第二,中国教育学者有主动与世界对话的意识和能力。长期以来,由于语言、文化、经济发展水平和国际交流规则等方面的原因,中国教育学者很少参与世界教育学术界的活动。连世界上会员最多的中国教育学会,也一直没有加入世界教育学联合会。

记得十多年前我曾经就此问题请教当时的会长顾明远教授，他说我们根本交不起会费。同时，我们国内的一线教师大部分外语沟通能力不够，外语能力强的学者主要精力放在引进国外的学术著作，介绍国外的学术思想，没有兴趣和时间把中国的探索、中国的故事向国际介绍。理论与实际、中国与世界之间缺少便利的桥梁。

第三，中国教育的国际化。随着"互联网+教育"的发展，随着中国在世界范围内配置教育资源进程的加快，随着语言学习人工智能技术的突破，国际交流的语言障碍会逐步缩小，中国教育的国际化步伐会进一步加快，中国学者与国外学者的对话平台会越来越多，"讲好中国故事"当然包括讲好中国教育的故事。

其实，我们不必过分在意教育著作的输出问题。关键还是我们要做好自己的事情，在我们的教室里、校园里、家庭里，在中国的大地上书写教育的传奇，创造教育的辉煌。在这样的基础上，我们不仅才有讲故事的底气，更重要的是才有教育上真正的话语权。正所谓：梧高凤必至，花香蝶自来。

你的朋友：朱永新

2019年3月4日晨

 # "书香强国"路迢迢

朱老师：

今年"两会"期间，像往年一样，除了参加各种正式的会议、座谈，您还接受了诸多媒体的采访。这段时间，陆续拜读了您的"两会手记"系列，发现"书香社会""全民阅读"仍然是广受媒体关注的话题。那么，在今年的采访中，有关"书香社会""全民阅读"，您主要发表了哪些方面的意见？（关关）

关关老师：

谢谢你关注我在"两会"期间关于推进全民阅读、建设书香社会的一系列意见与建议。

今年"两会"，我提交了三个关于阅读方面的提案。第一个就是关于建立"国家阅读节"、建设书香中国的提案。很多人知道，建立"国家阅读节"的提案，自从2003年"两会"开始，我就提出来了，但一直未被采纳，可谓"屡败屡战"。

其中一个重要原因是有了"4·23世界读书日"。且不说"世界读书日"其实是一个翻译的乌龙，更重要的是4月23日纪念

的是两位外国作家，与中国毫无关系。World Book and Copyright Day，正确翻译应该是"世界图书与版权日"。因为我们将其错误翻译为"世界读书日"，导致一方面我们相对比较重视阅读，而忽视了出版、版权与知识产权保护方面的工作；另一方面也未能更集中、更深入地推动阅读的相关工作。我们提出把孔子诞辰日9月28日作为"国家阅读节"有非常充分的理由。一个国家，对于自己的文化奠基人，对于"万世师表"的教育圣人，应该有纪念他的节日。

第二个是关于加强农村中小学图书馆建设与阅读指导的提案。以前也关注过这个问题，我还专门给时任国家副总理刘延东同志写过要重视农村中小学生的"精神食堂"的建议，得到了她的关注与批示。这次再次提出来，是因为去年一年参加全国政协和民进中央在一些深度贫困地区的调研，让我更加感觉到其紧迫性。

记得在广西靖西县一所村小调研时，中午我们到学校，图书室铁将军把门，原来孩子们在学校吃完饭都回家休息了，村民也无人借书看书。找校长打开图书室，图书的品质尚可，里面居然还发现了两本我的新教育书籍。但是，图书室没有发挥应有的作用。

在云南元阳县的一所镇中心小学调研时，因为在新建教学楼，图书被收到仓库了。我们跟踪到仓库，发现所有的书被打包放在墙角。很多新采购或受赠的书，包装也没有打开。我对校长说，如果孩子们有机会读到那些最好的童书，他们会热爱阅读，会远远比在课堂里学得更多的。

那次所去的学校，要么没有书读，要么书不适合学生读，要么学生无法借书读，没有专门的管理人员，开放时间短等问题也比较普遍。基于这些发现，我写了这个提案。

第三个是关于加强高校图书馆建设的提案。这是去年上半年教育部交给民进中央的一个调研课题。当时孙尧副部长邀请我到他的办公室，希望能够对高校图书馆建设的问题进行深入研究。接到任务以后，我们立即安排了相关调研，山东、河北、江苏、浙江、北京的十多位高校图书馆馆长参与了这项工作，8月底，我们召开了高校图书馆建设研讨会。

调研中发现，当前高校图书馆建设仍然面临不少问题。如图书馆场馆等硬件设施差异巨大，面积最小的图书馆仅为640平方米，与最大的图书馆相差181.3倍；馆藏资源配置存在问题，采购费用离散度极大，电子资源同质化且外文资源经费负担沉重；现行图书采购和资产管理模式不合理，低折扣中标采购严重影响图书馆入藏图书质量；人力资源建设严重滞后，馆员职业门槛过低，素质能力参差不齐，工资待遇、职称评审等方面普遍被边缘化；开展社会化服务难度大；等等。为此我在提案中建议要分类制订高校图书馆建设标准，加强高校特色化馆藏建设，改变高校图书馆资源配置和管理方式，加强电子资源建设，努力改变外文数据库购买中的被动局面，加强高校图书馆的人才队伍建设，引导有条件的高校图书馆向社会开放等具体建议。

这些提案在"两会"中受到了广泛关注。"两会"召开后，三个提案的内容很快被《人民日报》海外版和《中国教育报》《光明日报》《中国新闻出版广电报》《中华读书报》等刊发。

3月6日，全国人大开幕的第二天，《新京报》发表了我的一篇政协笔记，题目是"书香强国"。我在这篇文章中提出，在信息时代发生诸多改变,在经济外部输入性风险上升、国内经济下行压力加大的背景下,教育是最大的民生,阅读是最高效的教育,推动阅读是推进教育公平最简便的方法。

许多人都熟悉时间管理理论中"四象限"的说法:紧急又重要、重要不紧急、紧急不重要、不紧急不重要。其实,一国之计也是如此。如果说国家安全、经济发展等事务属于紧急又重要的第一类,那么阅读、教育等事务就属于重要但不那么紧急的第二类。21世纪是人才的世纪,为了国家发展、人民幸福,我们需要有多类人才的金字塔式稳定构成。

只有把阅读作为国家战略,长远部署,稳步推进,我们才能在每一个今天,不仅创造物质财富,还能积累精神财富,才能为明天储备足够的财富基础,并转化为更为丰厚的精神、物质的双重财富。

我关于"书香强国"的观点引起了一些委员与记者的热议。香港大公文汇报业集团的记者凯雷说,如果这四个字成为国家战略,将是我们国家和民族的福音。

"两会"期间我最开心的一件事情,就是"倡导全民阅读,推进学习型社会建设"最后被写进了《政府工作报告》。在《政府工作报告》征求意见的时候,我曾经提出过一些修改意见,包括希望把"倡导全民阅读,建设书香中国"写进政府工作报告,结果有些意见被采纳了,但是这一条建议没有被采纳。所以,在民进组讨论政府工作报告,和专题讨论"办人民满意的教育"时,我两次发言,呼吁把"全民阅读"写进《政府工作报告》。

我讲述了两个重要理由,第一,这是李克强总理在2015年的承诺。那一年的"两会"上,克强总理在回答《人民日报》记者有关阅读的问题时说,他希望全民阅读能够形成一种氛围,无处不在。我们国家的全民阅读量能够逐年增加,这也是社会进步、文明程度提高的十分重要的标志。而且,把阅读作为一种生活方式,把它与工作方式相结合,不仅会增加发展的创新力量,而且会增强社会的和谐力量。这也就是他两次愿意把"全民阅读"这几个字写入《政府工作报告》的原因,"明年还会继续"。

第二,阅读本身对于国民素质的提升和国家竞争力、凝聚力的加强具有不可替代的重要作用。阅读,是最有效、最便捷、最廉价、最直接的提升国民素质与国家竞争力的路径。我把自己的思考也专门写成建议,送交有关部门。

全国人大会议闭幕前,当我得知这个建议被采纳时,感到非常欣慰、非常激动。我及时把这个喜讯和一起努力的政协委员、媒体朋友分享,大家都非常高兴。

这些年来,"全民阅读"在中国受到了前所未有的重视,但是我知道,我们还有很长的路要走。我和我的新教育同仁,会继续砥砺前行。

你的朋友:朱永新

2019 年 3 月 28 日,合肥稻香楼,调研途中

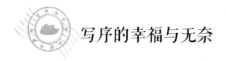# 写序的幸福与无奈

朱老师：

我注意到，为教师、校长，为教育界同仁的书写序，是您日常写作的一部分。我偶尔也为朋友的书或者一些学校的文集写序，深知不是易事，并非可以简单应付的。那么，您是出于什么样的考虑，硬是从繁忙的公务和各种社会活动中挤出时间来，为他人写序？另外一个相关的问题是：您拒绝过为别人写序吗？为什么？（林茶居）

茶居老师：

谢谢你的来信。这个问题其实也是长期以来一直困扰我的问题。

老实说，只要有足够的时间，能够为任何人的著作写序言，尤其是为一线教师的著作写序言，我格外开心。阅读本身就是我最乐意做的事，能够读到尚未出版的作品，犹如目睹一个新生命的诞生，更是倍添欢喜。阅读后写一些笔记，这本身就是我的习惯。能够作序、推荐，也是赠人玫瑰，手有余香。

我曾经读过鲁迅先生写序的故事。为了鼓励年轻作家，先生

曾经为他们写了许多推荐的文字。鲁迅甚至亲自帮助他们编辑书稿，联系出版，撰写序言。另外一个榜样就是顾明远先生。前不久刚刚收到他的十二卷教育文集，其中就有许多他为一线校长和教师撰写的序言。当年我出版《朱永新教育作品》的时候，顾先生也给我撰写了热情洋溢的推荐序言。

我大量写作序言，尤其是为老师、校长，为基础教育界的同仁们撰写序言，与新教育实验的发展进程有着非常密切的关系。

2002年6月，我在教育在线网站发布"朱永新成功保险公司开业启事"以后，许多老师开始自觉地按照新教育实验专业阅读、专业写作、专业交往的理论行动起来，坚持撰写教育随笔、教育日记，自觉地反思日常教育教学行为，不断地改变自己的行走方式，取得了很好的成效。

如第一所新教育实验学校的教师吴樱花，她用三年的时间观察、研究一个后进生，创造了一个奇迹——这个孩子成为当地的中考状元。她记录这个孩子的成长故事，出了一本书《孩子，我看着你长大》，我为她撰写了序言。

再如深圳市的陈晓华（网名"红袖"）老师，加入"朱永新成功保险公司"以后不久，就把自己的日常教育手记整理成《守望高三的日子》一书结集出版，我还记得，我是主动为他的这本书撰写序言《守望教育》的。

在新教育实验的早期，这样的序言，我写了很多。不仅是来者不拒，还会主动请缨。不仅为老师们作序，也为孩子们的作品写序，比如昆山玉峰实验学校、江苏江阴环南路中心小学孩子们的日记集等，我都乐此不疲。

随着新教育实验的蓬勃发展，孩子、老师、校长、局长等以写作书写新教育传奇的人越来越多，我写序的任务也越来越多，越来越重。如四川阆中教体局原局长汤勇，作为一位热爱阅读与写作的教育局长，他几乎每年出版一本著作。我为他的《我的教育心旅》撰写了序言以后，一连为他的三本著作撰写了序言。有一次，一位教育局长请我为他的文集写序，我拒绝了，他委屈地抱怨："你为汤勇局长写了三篇序言，却不肯帮助我写一篇推荐的文字？"

正如你在信中所说的那样，写序不是一件轻松的事情。

第一，必须通读全书。不通读，要写出满意的序言几乎是不可能的，除非你不负责任地乱说。所以，一篇千余字或几千字的序言，需要读完十几万甚至二十几万字的书稿才能动笔。也有一些老师怕占用我过多的时间，事先准备好序言的初稿，说是"只要你签一个名字就可以"。这些朋友是出于善意，但如果我这样做了，是对自己的文章和对读者的时间双重的不尊重，这些初稿只能作为撰写序言时阅读的补充资料。

第二，必须全面了解作者情况。书与人，是分不开的。序言，不是简单地评论文章，介绍某本书的内容与特点，它也是一份阅读指南、一个"导游"，不仅要非常熟悉"景点"，还要熟悉其"历史掌故""周边环境"等。写序，自然要全面了解作者与其著作的关系，作者的各种论著之间的关系，作者的成长故事等。所以，写序往往需要通过各种途径去收集作者的基本情况，有时候，工作量不亚于读作者的书稿本身。

第三，出版"倒计时"给人压力。为人作序和写作书评不同。序言随着作者的书稿一起出版，如果你不能按时完成，就要影响别人的大事情。经常是作者隔三岔五催稿件，或说是付印在即，或说是要赶在什么时间出版。作者催促我是事出无奈，我没完成也很无奈。没有人喜欢欠债的感觉，但是，答应的事情在没有完成前，总是会被人催促，仿佛是欠了债务一样。

第四，写序需要充分的时间。这才是最要命的问题。我的本职工作已经非常忙碌，民进中央和全国政协的调查研究、参政议政、民主监督任务本就非常繁重，需要经常出差。写一篇序言，阅读需要大量的时间，写作需要相对完整的时间。如果说阅读还能在出差的旅途中争分夺秒，那么写作则需要独处，需要清醒的头脑、敏捷的思维。所以，有时候硬着头皮答应的序言，只能通过减少自己的休息时间，放弃自己的运动时间，推迟自己的写作和阅读计划，调整自己的节假日安排，来完成这个工作。

就这样，为人写序言，开始是一件非常幸福的事情，因为邀请的朋友越来越多，实在招架不住，逐渐变成了苦差事。尽管我得知老师们取得进步和成长时，心中一如既往地感到无限欢喜，尽管我非常乐意为新教育实验的成果摇旗呐喊，但是，时间有限，序言无限。我有限的时间，实在无法完成无限的作序之邀。

在顾明远先生的文集中读到他对于写序的许多想法时，我的确有感同身受的共鸣。也记得我的学生李镇西曾经公开宣布"不再写序"。偶尔，我也会冒出这样的想法。真的不是不愿意为一线教育工作者加油鼓劲，不是不重视朋友间的友谊，而是实在挤不出时间。

但是，我一直没有像李镇西那样公开宣布不再写序，因为我是一个说话算数的人，一旦宣布，就没有余地了。更是因为我非常清楚，在这片大地上，仍然会不断涌现感人的新教育故事，不断诞生精彩的新教育著作。从某种意义上，为这些优秀的探索者写序、点评、鼓舞、推荐，既是我的心愿，也是我的责任。

你问我是否拒绝过写序的请求，我要如实地告诉你，不仅拒绝过，而且拒绝过很多很多，远远比答应写的要多。

拒绝是一件很痛苦的事。所以，我给自己定了规矩。第一，不是新教育实验区、实验学校、实验老师的著作，我原则上不会写序。因为新教育实验学校的著作我都忙不过来，非新教育的著作自然一般很难考虑。第二，出版时间太急的著作，原则上不会写序。我的本职工作非常繁忙，要维持自己每天阅读、写作的"日课"就已经非常困难，如果再有限时限刻的写序任务，自然无法如期完成。

茶居兄，你在邮件中问我能不能为一位优秀的校长写序。我知道这位校长的一些故事，也很敬佩她的办学业绩。读完这封信以后，你对照一下我这两个"不写"的标准，看看我是否能够、是否应该为她写序。

我清楚，这封信其实也是一个变相的谢绝写序的说明。人生有许多无奈。无法为优秀的同道朋友作序，正是其中一种。希望老兄和大家能够理解。在这个瞬息万变的时代，我和大家一样，都为自己制订了学习计划，努力在探索中前行。我想，作为并肩前行的学习者、行动者，大家互相鼓舞、互相砥砺，这种互动的方式，是另外一种美好。

你的朋友：朱永新

2019年4月26日，怀化—长沙调研途中初稿，五一假期定稿

学习的革命与未来的学习

朱老师:

20世纪90年代,中国出现了一本超级畅销书:《学习的革命》。初版第一年就连印九次,1998年修订版,首印500万册。这本书有一个副书名叫"通向21世纪的个人护照",它反映了作者珍妮特·沃斯、戈登·德莱顿的充分自信和对未来的判断,他们认为,"怎样学习"比"学习什么"更重要,"学校最重要的任务是让学生学习怎样学习和学习怎样思考"。对于这本书,您有何印象?如今回过头去看,20多年前的中国,在社会、大众层面出现的这样一种对"学习"的广泛关注,您认为其中包含着什么样的文化状况和教育问题?(林茶居)

茶居老师:

来信收到。

你的来信的确勾起了我的回忆。还依稀记得这本书的模样,一本封面底色为黄颜色的书,黑体的书名"学习的革命"非常醒目。

当年我也买了一本。这本书里讲了"塑造未来世界的15种主要趋势",如进入即时通讯时代、世界经济一体化、人口的急剧老龄化等;还讲了"创造世界上最佳教育体制所必需的13个步骤",包括电子通讯的作用、每个人必须通晓电脑、家长教育亟待提高、儿童早期培养计划、适合每个个体的学习类型、学习怎样学习和学习怎样思考、学校应该教什么等。这本书也介绍了关于大脑的知识,如什么是神经细胞、树突、神经胶质细胞和隔离系统,以及大脑如何存储信息等。还有一章,介绍"使学习效率提高5倍的20个起始步骤",如设立特定的目标并规定期限,尽快找一位富有激情的导师,找有实践经验的成功者撰写的三本最好的书,重新学习怎样阅读,等等。

因为我是教育心理学专业出身,对这本书的内容并不陌生,所以翻阅了一遍就放下了。

其实,对于这本书所引起的反响,与其将之视为当时中国大众广泛关注学习的问题,还不如细细探究它为什么能够成为一本超级畅销书。我认为有以下几个原因。

一是成功的商业化炒作。这本书本来是一本不起眼的成功学著作,1997年在美国出版后,销售业绩很一般,两年时间亚马逊网站只卖了两万册左右。所以作者也非常奇怪这本书为什么在中国如此畅销。

其实这本书的畅销与一个叫作科利华的上市公司有关。这本书完全是他们一手包装营销的。在出版之始,科利华集团就对外宣布投资一亿元,推广发行一千万册《学习的革命》。第一次印刷的500万册在全国范围内同一时间隆重上市。科利华集团同时出击,在30多个大城市举行巡展活动,与刚刚落户中国、雄心勃勃吸纳会员的贝塔斯曼集团紧密合作。为了推广,他们制作了

100本高76厘米、宽52厘米、重14.8千克的"书王",制作了12米高、9米宽的中国最大的图书模型,并成为国内第一家为一本书开设一个网站、开通专项寻呼的机构。与此同时,他们邀请了谢晋等文化名人代言,并在全国两千个以上市县(地区)开展"素质教育中的学习革命"的课题研究与实验等。当时,中央电视台在播放《焦点访谈》之前有一则这本书的广告,据说光是广告费用每天就要25万元。这样的宣传攻势在中国出版历史上可谓空前绝后。

二是利用了人们对新世纪的憧憬和对成功的渴望心理。这本书出版的时间正值世纪之交的前夕,在新千年即将到来之际,人们对即将到来的新世纪充满了期待,不仅希望世界和中国变得越来越好,也希望能够看清未来可能出现的新变化。同时,人们也期待自己在新的世纪能够成为一个崭新的人,成为一个有所成就的人。

这本书的内容涉及了成年人和青年人都面临的最主要的问题,即怎样在较少的时间里学更多的东西,怎样享受学习,怎样保存所学的内容。所以,它在很大程度上满足了人们的社会心理预期,为此有人评价说,"它让中国读者第一次有了'成功励志'的图书概念"。

三是顺应了教育心理学学科的新变化。作者之一的珍妮特·沃斯虽然不是什么著名的教育学家和心理学专家,但毕竟是教育学博士科班出身。她有着从幼儿园、小学、初高中到大学的各个教育层次的任教经历,同时用相当长的时间潜心研究过"综合快速学习法"。我们知道,自20世纪80年代开始,西方学者提出了"学习科学"的概念,这是一门由生物科学、认知科学和教育科学交叉而形成的前沿学科，旨在建立心智、脑与教育之间的桥梁，将认知神经科学、情感神经科学、脑科学、基因科学和生物分子学等应用于教育和学习的过程。90年代以后，学习科学成为一门"显学"。在一定意义上讲，《学习的革命》堪称一本学习科学的普及读物，它把脑科学与学习、记忆科学的成果以大众可以接受的方式进行传播。

一转眼，20年过去了。成功学的鸡汤虽然还有市场，普及型学术读物虽然还能畅销，精心包装的图书虽然还能够大卖，但是在更加理性更加多元的社会，可能不会再有什么机构像曾经的科利华公司那样推广一本图书，也就难以再出现《学习的革命》那样大卖的情况。

但是，人们对于学习本身的热情，对于自己和家人尤其是子女的学习的关注，仍然将持续下去。学习科学也将继续成为科学家们关注的领域，不断取得新的进展。

因为学习是人的本能，是人的使命，也是人类不断超越自己的根本路径。

你的朋友：朱永新

2019年6月4日晨，中共中央党校22号楼

 # 高校图书馆是全社会的珍珠

朱老师：

　　我有个侄女，在上海某高校的图书馆工作。一次偶然的机会，她读到您的《"书香强国"路迢迢》（《教师月刊》2019年第4期）一文。她说，对于您在文中所谈到的高校图书馆建设的种种问题，真是"心有戚戚焉"。从工作岗位及职责出发，我的这个侄女委托我向您请教一个问题：高校图书馆如何做好社会化服务——包括面向中小学校、面向中小学教师的服务？（林茶居）

茶居老师：

　　你好。

　　谢谢你的问题。加强高校图书馆建设，的确是一个非常重要的问题。因为高校图书馆是公共图书馆体系中非常重要的组成部分，是学术与文化资源的积淀之地，也是学校形象、气质、品位的集中展示之所。

　　你侄女提出的高校图书馆如何做好社会化服务——包括面向中小学校、面向中小学教师的服务，也是我一直在思考

的问题。

高校图书馆对社会开放，做好社会化服务，本来是高校的一项基本职能。因为高校本身是用纳税人的资金建立和运营的，作为社会公共机构，理应为全社会提供良好的公共服务。同时，通过这样的服务，也有利于开拓信息资源共享空间、激发社会创新和高校自身的创造。

正因为如此，许多国家在相关问题上提出了明确要求，制定了相关规范。比如，美国图书馆协会曾表示，"大学图书馆应该像对待本校师生一样，为社会用户提供服务，满足他们的信息需求"。日本政府也对国立大学图书馆提出社会用户"不限制身份和目的，可以利用大学图书馆图书资料"的要求。

进入新世纪以来，我国高校也加快了图书馆对社会开放、做好社会化服务的步伐。2010年发布的《国家中长期教育改革和发展规划纲要》提出，高校图书馆要面向社会开放资源，提供社会化服务。2015年颁布的《普通高等学校图书馆规程》明确规定：有条件的高等学校图书馆，应尽可能向社会读者和社区读者开放。2018年1月1日起正式实施的《中华人民共和国公共图书馆法》第四十八条规定："国家支持学校图书馆、科研机构图书馆以及其他类型图书馆向社会公众开放。"这些都为包括高校图书馆在内的学校图书馆开放社会服务提供了强有力的政策支持。

虽然高校图书馆提供社会化服务是国际惯例和世界趋势，也有法律的保障，但是在实施过程中还是阻力重重，步履艰难。在全国人大讨论公共图书馆法的相关条款时，常委们就有截然不同的两种意见，而在社交网络的有关讨论中，不赞同高校图书馆提供社会化服务的声音竟然占了绝大多数。如《人民日报》官微发布的"高校图书馆是否应向社会免费开放,你怎么看?"这条微博之下,获得点赞数位列前十的评论,所表达的均是不支持此种做法的意见。

为了弄清楚包括上述高校图书馆社会化服务问题在内的高校图书馆改革与发展过程中存在的问题,2018年,受教育部委托,民进中央开展了"加强高校图书馆建设"的调研,山东、河北、江苏、浙江、北京的十多位高校图书馆馆长参与了调研或座谈。调研结果表明,当前高校图书馆建设在硬件建设、馆藏资源配置、图书采购和资产管理模式、人力资源建设和开展社会化服务方面都存在一定的问题。

在社会化服务方面,主要有以下两个方面的障碍。

一是思想意识方面的障碍。有人对我国"985"高校的图书馆网站进行了调研,发现除去一家无法打开的图书馆网站外,38家高校图书馆中只有12家提供了关于社会读者的信息,有制定面向社会读者专项制度的则仅有5家。究其原因,主要还是思想意识方面的问题。

大部分高校图书馆管理者往往过高估计了社会化服务可能带来的管理风险、校内外读者利益冲突等问题,担心"社会闲杂人等"多了以后,不能保障学生的财产安全和人身安全,担心高校的日常教学和秩序管理受到冲击,担心给图书馆工作人员带来更大负担,担心高校图书资源和座位资源有限而无法满足社会人士的需求等。应该说,这些担心中,有的不是没有道理,但已经开展这方面工作的高校图书馆也用事实证明,做好社会化服务完全是有可能的。

比如作为陕南地区最大的文献信息资源中心,陕西理工学院图书馆与汉中市政府签订了图书馆共建共享协议，在学校图书馆同时挂牌成立"汉中图书馆"，专门为当地市民开辟了社会读者阅览室，图书馆所有的开架书库和阅览室向社会读者开放，为市民提供了零门槛、无障碍的服务，使学校文献信息资源惠及汉中市民，取得了良好的社会效益。

有人说，汉中只是一个小型城市，高校图书馆社会化服务实施的难度不大，而大城市人口众多，会导致一些困难。其实，大城市的大学更多，便利条件也更多，只要精心管理，应该是可以有所作为的。

二是资源条件方面的障碍。这主要表现在图书资料的资源不足、阅读空间的资源不足两个方面。

关于图书资料的资源不足问题，许多高校图书馆认为，自己的图书资料资源专业性和学术性比较强，与社会公众的阅读需求差距较大，开放的效果未必好。不同高校专业结构的差异对图书馆图书资源建设具有很大影响，如设置医学院与未设置医学院的高校，其医学类型书籍、医学专业数据库的资源总量差距可以相差几十倍之多。除了纸质文献以外，高校图书馆采购数字资源的方向也多优先考虑校内学科特色，社会读者更加需要的文化类、普通报刊类、多媒体类数字资源往往很难得到满足。这固然是客观存在的事实，但劣势有时候可以成为优势，专业性、学术性强的图书资料同样可以发挥很大的作用，如地处以汽车为主要产业的武汉经济技术开发区的江汉大学图书馆，将辖区内的汽车企业作为图书馆开展信息服务的首要目标，向开发区内的东风汽车公司等企业开放文献信息资源，开设"研究包厢"，有针对性地提供专题信息检索、代检代查、文献传递、数字参考咨询等服务内容，开通电子信息资源的远程访问，还主动上门为企业员工办理借阅证，开展信息检索与使用的培训，指导员工有效利用图书馆信息资源，不仅提高了高校图书馆图书资料等信息资源的利用率，也发挥了高校为地方社会经济服务的作用。

关于阅读空间的问题，许多高校图书馆反映，由于图书馆的环境、氛围、配套设施较优，常常是学生自修的首选场所，尤其是各种考试复习期间，面向本校师生提供充足的座位都有困难，根本不可能再向社会开放。2014年年底，四川大学图书馆在对外开放的第四天，就匆匆忙忙发出暂停办理社会读者借阅证的通知，理由就是无法提供足够数量的座位。

其实，这些矛盾在现在信息技术高度发达的今天，完全可以通过实时监控图书馆人数、网络预约、错开高峰等方法进行有效解决，也就是说，可以通过"互联网+"的路径，建立起更加灵活、更加开放、更加协同的高校图书馆管理机制，实现更高水平的社会化服务。在实践中，就已经有一些高校图书馆将自己拥有的大量的珍贵古籍、名人捐赠品、稀有文献等馆藏，通过数字化甚至3D展览的形式加以社会化利用，使尘封的馆藏重见天日，焕发生机。

当然，除了上述两个方面的障碍外，管理上的障碍也是重要的原因。高校师生作为高校图书馆的传统服务对象，群体构成相对简单与纯粹，管理也比较有序和可控，社会读者则身份多元、构成复杂，管理容易无序和失控。但是，这些也完全可以借助大数据、人工智能等现代技术手段，通过优化管理，进行有效解决。

综上分析，高校图书馆社会化服务其实是"非不能也，乃不为也"。当务之急，就是借鉴国内外高校图书馆社会化服务的经验教训，根据新时代高校图书馆转型的新趋势，发挥高校图书馆专业化、学术性强的优势，运用"互联网+"的新媒体渠道，更好地为社会读者打造一个没有围墙的图书馆。

根据相关的实践探索和研究，我国高校图书馆社会化服务的模式可以在以下几个方面进行深化。

一是进一步加强社会援助服务。我国的公共图书馆建设总体来说比较落后，截至2017年年底，我国公共图书馆数量为3166个。而据美国图书馆协会统计的2016年的数据，全美约有各类图书馆12万个，平均每2500人就有一个图书馆，其中公共图书馆约1.65万个，比麦当劳连锁店的数量还多。由于我国公共图书馆资源缺乏，高校图书馆对社区和偏远贫困地区的社会援助服务就应该更加自觉。我国部分大学已经开展了主动帮助贫困偏远地区的教育文化发展、支持基层图书馆的建设等工作。

如厦门大学图书馆开启的援建农村图书馆项目，通过提供图书资源、技术支持、业务指导、信息培训等项目支援新农村建设，并在当地建设了大学生实习基地，为后续援助服务提供保障。深圳市文化局策划启动了一个"图书馆之城"项目，鼓励深圳各高校与公共图书馆开展紧密合作，建设了信息服务平台"深圳文献港"，向社会开放文献资源，开展信息咨询服务，为当地的知识创新、自主创业提供支持。

二是进一步加大对社区开放的力度。高校图书馆向社区开放的程度是社会化服务的一个晴雨表，也是衡量高校图书馆社会化服务水平的一个重要指标。高校图书馆可以免费向社会用户提供文献借阅、信息检索等基础性信息服务，也可以为社会用户，特别是企业与创业创新团队提供信息咨询、科技查新、电子数据库文献下载、信息素养培训、学术及创客空间利用等有偿服务。

由于我国中小学图书馆建设和社区图书馆建设相对落后，对于我国中小学师生来说，高校图书馆更是一个重要的获取知识与信息的场所。但是，从目前的情况来看，我国高校图书馆在这方面的开放也是非常不够的。

如北京市的高校，2016年累计有56所高校图书馆对中小学生开放，一年后减少到48所。而且这种开放也只是象征性的，开放时间非常少，不仅国家法定节假日及寒暑假不开放，而且周末也不开放，唯一一个周末开放的是北京信息科技大学图书馆。有70%的高校图书馆还规定必须提前两周预约，这几乎就是设定了一个门槛。就这一点来说，国外的许多大学与中小学几乎无缝对接，它们鼓励中小学师生利用高校图书馆进行学习，做研究性课题，也愿意与企业合作，并为当地社区民众举办科普讲座、信息培训等活动。我在日本上智大学做访问学者期间，就经常看到高校图书馆面向社区举办各种公开讲座。

三是进一步拓宽社会合作的途径。高校图书馆的社会化服务不应该只局限于图书馆空间内，不应该仅仅是输出，更应该做好利用社会资源的输入工作。高校图书馆要以开放的思维，与当地教育文化部门及博物馆、美术馆、科技馆、名人纪念馆等机构，以及当地的社会名流、科技精英、成功企业家、劳模英雄、优秀教师等人才建立广泛的联系，通过名家讲堂、翻转课堂、真人图书馆、馆际交流等平台或活动，引入各种优秀的教育资源，丰富和完善高校图书馆的活动内容，补充高校自身的不足。

以师范大学的学校图书馆为例。如果我们的师范院校图书馆在对中小学师生开放的同时，能够有意识有计划地邀请当地名师到图书馆开设"名师讲堂"，讲述他们的成长之道，甚至在高校图书馆建立名师工作室，鼓励优秀教师带着师范生一起研读教育教学理论著作，讨论教育教学案例，帮助师范生制订实习方案等，这对于师范大学的师生成长来说，无疑是具有非常重要的作用。而对于一线教师来说，在输出的同时，也可以利用高校图书馆的丰富馆藏，进行专业阅读和专业写作，让自己成长得更快更好。

你侄女所说的高校如何提供社会化服务，如何更好为中小学服务的问题，是一个很好的问题，也是一个没有现成答案的话题。高校图书馆就像一颗珍珠，不仅在大学生的学习中起着至关重要的作用，在推进社会文明的过程中也有着重要的作用，只是现在还基本处于"养在深闺人未识"的状况。随着社会的发展、文明的进步，随着终身学习时代的来临，这将会成为越来越多人关注的问题。我们可以借鉴已有的成功经验，大学与中小学一起携手努力，共同创造和探索。

你的朋友：朱永新

2019 年 7 月 6 日晨，北京滴石斋

"教师阅读学"的独特价值

朱老师：

今年"世界图书与版权日"期间，《中国教育报·读书周刊》推出了专题栏目"'独享四月'特别策划"，向我们团队约了一篇稿子，意在呈现"大夏书系读书节"自2012年9月创办以来所走的路，所做的事情。作为"大夏书系读书节"的联合发起人，我以亲历者的身份，讲述了"大夏书系读书节"在全国各地开展活动时所发生的几个富有情理趣味的故事。

在文章的最后我谈道，当阅读不再需要"推动"，当阅读经验不再需要"推广"，当阅读不止于服务专业发展，还成为人们安顿心灵、幸福生活的方式，我们才能说，一个健康的、可持续的教师阅读生态形成了。作为一个时代课题，教师阅读的价值和意义，将随着时光的推移而日益显豁；而作为一个活动平台，"大夏书系读书节"才刚刚开始了"教师阅读学"的探索。

之所以提出"教师阅读学"这个概念，我是出于这样的考虑：在教师阅读有助于教育发展正日渐成为共识的当下，应该将"教师阅读"作为一门学问、一门科学，从阅读心理、制度建设、组织模式、评价方式、转化机制等层面，进行探索、研究，使之更好地服务于学生的学习与成长，同时为教师自身丰富生活情趣、提升生活品质提供更多的可能。

对于如何建设"教师阅读学"，不知您有什么样的看法和建议？（林茶居）

茶居老师：

非常高兴你就"教师阅读学"的问题来信。这是一个很有意思的问题。

在越来越多的人意识到教师阅读的重要性的同时，却仍然有许多人认为，教师只要把课上好就可以了，阅读是一件可有可无的事情。

作为"教师阅读学"的学科建设，与所有其他学科一样，首先要解决的是三个"W"，即"是什么"（what）、"为什么"（why）和"怎么办"（how）三个基本问题。也就是说，教师阅读为什么很重要——这解决了研究"教师阅读学"的意义问题；教师应该阅读什么——这解决的是教师阅读的内容问题；教师应该如何阅读——这解决的是教师阅读的方法问题。这三个问题解决了，"教师阅读学"作为学科也就立住了。

教师阅读为什么很重要？我曾经说过，一个社会，有三个最重要的人群是阅读最关键的群体。首先是父母。因为是他们把孩子带到这个世界的。他们通过故事、通过图画书等，帮助孩子培养最初的阅读兴趣，让孩子在童年就能够与最好的经典相遇，感受书本和阅读的魅力。儿童早期的阅读差距，往往决定了儿童未来的发展。《造就美国人：民主与我们的学校》一书的作者赫希提出，影响美国人精神世界的重要因素是他们拥有的共同知识，而共同知识的获得与儿童早期阅读经验相关；阅读是造就美国人的一个最重要的基础；"造就美国人"是公共学校的首要目的。他认为，高收入的家庭，知识分子的父母，他们的孩子在学龄前以及校外有大量的阅读和旅行的机会，能够通过与父母交谈，参观博物馆，参与各种社会活动，来获取各种信息和知识。但是，低收入家庭的孩子，很可能面对父母知识水平不高、家庭中没有阅读环境的情况，那么他们就很难真正地健康成长。而早期的阅读是预测人们未来收入水平和能否成为有效公民的可信指标，因为"陌生人共同分享着共同的空间，而阅读是陌生人之间的一种沟通。阅读能力代表着在公共空间中有效沟通的多层次能力"。

其次是领导人。因为作为一个领导人，他通过自己的权力性影响，通过自己的威望性权力和法定性权力，对被领导者、对社会群体和社会公众能够产生直接与间接的影响，通过暗示的作用、榜样的作用、号召的作用，带动全社会的阅读。

最后就是教师。如果一个家庭还没有把孩子带到阅读的世界，到了学校以后教师仍然可以通过自己的引领和影响，把他们带进阅读的世界。几乎所有的人都是从学校走出来的，如果让孩子们从学校走出来的时候，带着的不仅仅是一个好的分数，更有理想追求，有良好的阅读习惯和阅读能力，那么他从此就有了自我学习与自我成长的本领。许多教师本身也是孩子的父母，所以教师就是阅读最直接的受益者，对于自己的家庭幸福、自己孩子的成长，都有着重要作用。

教师阅读的意义当然不仅仅是为了班上的学生、为了家里的孩子，也是为了其自身，为了自身专业的发展和更好地成长。教师职业其实是专业性非常强的，因为教师面对的学生是世界上最复杂的生命体。对于教师来说，如果不了解学生的心理，不了解教育的规律，其专业性就会受到怀疑。为什么没有学过医学的人不敢拿着刀子去做手术，而没有学过教育学的人却敢于走上讲台去教书？一个很重要的原因，就是我们教师自身的专业性没有充分显现出来。其实，教师工作的复杂性、创造性、艰巨性，教师职业对知识、智慧的要求，是超过其他任何行业的。要成为一位卓越的教师，如果没有非常好的阅读背景，如果对人类的教育历史没有充分的了解，如果对那些伟大教育家的教育智慧不熟悉，几乎是不可能的。

教师的阅读，也是深入推进全民阅读的需要。中国的发展进入了新的阶段，新常态之下需要"心"常态。阅读，是润物细无声的过程，为心灵提供着最丰富最精纯的养分。"十八大"之后，全民阅读工作受到了前所未有的重视，"全民阅读"每年都被写进《政府工作报告》，各项阅读举措在全国各地风起云涌。学校没有阅读，就没有真正的教育。同理，每一位教师，应该成为一位真正的读者。借助专业的教师书目进行阶梯式阅读，不仅能够完善知识结构，还能在阅读的过程中言传身教，成为阅读代言人，自觉或不自觉地成为阅读推广人。

关于教师究竟应该读什么的问题，是"教师阅读学"必须关注的第二个重要问题。阅读的高度决定了精神的高度。教师的阅读高度，也直接影响着他们教育的高度。读什么，我们就会成为什么。和怎样的大师对话，就能和怎样的大师走得更近。

新教育实验是最早关注中国教师阅读问题的民间教育改革

探索。从1995年开始,我就在苏州大学推动书目研制工作,其中专门组建了教师书目研制小组,为中国的教师推荐了100种书目。经过近十年的努力,于2004年发布了第一个中小学教师的基础阅读书目。2017年,我们又出版了升级版的教师书目《中国中小学教师基础阅读书目·导赏手册》,其中包括30本基础性书目,70本推荐书目。这些书目既包括那些最重要的教育经典,也包括部分优秀教师的成长案例;既包括有助于拓宽视野的人文社会科学和自然科学著作,也包括能够直接让教师去理解课堂、理解教室、理解教育教学过程的心理学、教育学和教学法的相关著作。我们把这个书目称为"教师专业发展地图",因为一份专业的教师书目,就是一张教育的地图。一张地图当然无法穷尽世界的美好,但能为我们寻觅那些精神上的奇珍异宝提供有效的指南。好的教师书目,既节约了教师寻觅好书的时间,提高阅读效率,又能为教师培养创造力提供足够的沃土,而不是施加过度的压力。因为书目不是教材,它重在推荐、启发,而非强制执行。

我们研制这份服务于中国中小学教师的专业书目,就是为了解决"读什么"的问题。研制时,我们特别强调和遵循了以下五个原则。

一是开放性与原创性并重的原则。教育是人类自我提升的工具,教育的本质源自对人的深入研究,对人性的深刻洞察。所以,只要是足够优秀的教育著作,任何国家、任何民族、任何历史时期所涌现出的,我们都应该有着为我所用的魄力。和其他中国人基础阅读书目一样,教师书目也具有兼收并蓄的特点。并且在选入外国图书时,尽力兼顾美、德、英、法、奥、日等不同语种,力争更加丰富。同时,不同文化背景之下的教育,是不同的土地开放的花朵,难免有着"橘生淮南则为橘,橘生淮北则为枳"的现象,因此而诞生的教育著作,也有着更接地气的现象。因此我们的书目强调中外教育著作以大约4:6的比例分配。

二是理论性和操作性并重的原则。很多人听到"理论"二字,就把它和枯燥、乏味、深奥联系在一起。其实,真正的理论,就是破解和记录规律。教育与教学本身是一门科学,也是一门艺术,有其特殊的规律与方法。教育思想、教育理念归纳了这些规律、方法,能够从根本处打牢教育的地基,这一类图书,自然也是教师书目的根基。人类的教育虽然不断变迁与发展,但是教育的根本不会变化,教育培养人的功能不会变化,教育过程的内在规律不会变化。落实到实际操作中,从学校应该开设什么课程,到课堂教学效率的提高,从教室环境的布置,到教育活动的设计,既有许多不确定性,又有许多操作性很强的具体方法,所以,课程论、教学论的著作,学校文化的书籍等等,自然是教师应该阅读的,也是教师书目必须推介的。

三是经典性与阶梯性并重的原则。经典著作是人类的精神高峰。阅读经典,就是与大师对话。教育本身就是文化的选编和传承。阅读教育经典,本身就是继承与传播优秀文化,另一方面也是在进一步学习传授优秀文化的方法。现代的许多教育新思想、新流派,其实都不过是用我们这个时代的语言和案例与过去大师的对话而已。人类几千年的教育历史中,创造和积累了许多宝贵的教育思想财富。保存这些财富的载体主要就是教育经典著作。阅读经典,与过去的教育家对话,是教师成长的基本条件,也是教师教育思想形成与发展的基础。教育智慧的形成,在一定意义上说,就是跨越由这些经典构成的桥梁的过程。在书目研制过程中,我们也强调了阶梯性原则,同一类型的书,不仅考虑到内容的不同侧面,同时兼顾到不同难度,让读者能够通过难度由低至高的阶梯性阅读,领略到专业阅读之美。

四是价值观和完整性并重的原则。没有价值观的书目,是缺乏教育立场的书目,就像一个人,长得再美,却没有灵魂,最终是无法产生真正的吸引力的。倡导立足传统,强调现代建构,推崇人本精神等等,都是我们通过选择图书所传达出的教育立场。

五是前瞻性与实用性并重的原则。教育是一项创造未来的事业。作为教育书目,必须强调前瞻性,强调面向未来。否则,一份所有图书都读完就能用的书目,就只是一根功利的拐杖,只能探索几步路,而不能成为一座灯塔,照亮远方和高处,给教师更高远的引领。同时,正如苏霍姆林斯基说的那样:"教师的职业是一门研究人的学问,要长期不断地深入人的复杂的精神世界。"关于人的学问,最主要的集中在心理学方面,与心理学关系十分密切的是脑科学与生理学。同时每个人都是一个社会的人,了解一些社会学知识,尤其是家庭关系学、学校社会学、媒体传播学等方面的知识,对教师也十分必要。

关于教师应该怎么读的问题,是教师专业阅读的第三个重要问题。2014年,上海市教师学研究会对上海48所中小学和幼儿园的3411名教师进行了阅读调查,其后发布的《上海市中小学幼儿园教师读书现状报告》有这样一些结论和数据——

教师阅读时间短:82%的教师每天阅读时间少于1小时。其中,阅读时间达90分钟以上的仅占6%,60—90分钟的占

12%，30—60分钟的占48%，另有34%的教师每天阅读时间在30分钟以下。

教师读书数量少：61%的教师在过去一年里读过的书不超过4本。其中，3—4本的占32%，1—2本的占26%，还有3%的教师一本都未读过。

教师购书数量少：86%的教师在过去一年订阅的报刊少于2种，79.4%的教师一年购买的书籍少于10本。

教师阅读效果差：在浏览、泛读和精读三种阅读方式中，39.2%的教师以浏览为主；其次是泛读，占32%；最后是精读，占28.8%。

这个调查，也反映了教师阅读方法的两个关键性缺陷。第一个缺陷是不知道如何利用时间，第二个缺陷是不知道用心地"啃读"一本书。

关于阅读时间的问题，教师们为不阅读给出的理由很多，其中66.1%的教师认为"工作太忙"，12.6%和8.4%的教师认为影响阅读的主要因素分别是"压力太大"和"家庭事务"。在"阻碍教师阅读的因素"中，有57.2%的教师认为是"没有时间"，13%的教师认为是"没有合适的阅读环境"，还有9.4%的教师则表示"没有兴趣"。我知道，教师的确很忙，工作负担也的确很重，但我一直认为，阅读本身是教师工作的一个非常重要的组成部分，重要的事情一定是有时间的。所以，教师应该给自己的阅读安排专门的时间，如每天早晨或者晚上给自己20分钟的读书时间，周末给自己预留半天的读书时间等。校长也应该给教师的专业阅读留出充分的时间和空间，如组织教师读书会等。从新教育"榜样教师"的成长经验来看，凡是那些酷爱阅读的教师，都能够比其他教师走得更远，都能够从教师职业中获得幸福感，都能够和学生真正地一起成长。

前不久，我在山东诸城参加"新教育种子教师"峰会，很多"榜样教师"讲述了自己的阅读故事。他们的故事表明，只要真正重视阅读，就一定有时间阅读。只要真正阅读了，就一定成长得很快。

有些教师，虽然也花了一些时间读书，但并没有真正"读进去"，没有选准一些关键的基础性著作进行深入细致的"啃读"，没有真正让阅读的理论指导自己的教育教学实践。我们要走向"明亮的那方"，就必须穿越那些最美丽的风景。有些书是绕不过去的，我们提倡教师能够认真地精读一些最重要的教育理论著作，用啃骨头的方法、钉钉子的方法精读细研，读透几本书，如苏霍姆林斯基《给教师的建议》、皮亚杰的《儿童心理学》、阿德勒的《儿童人格与教育》、佐藤学的《静悄悄的革命》等。对于一位教师来说，认真地"啃读"过几本这样的书，就有了阅读教育理论著作的勇气。而且，这些书中的理念与理论，就会成为解决现实教育问题的"工具"和"脚手架"，因此也就有了面对复杂教育现象的底气。

当然，每位教师都要根据自己的情况，选择适合自己的图书。从最适合自己的、最容易读懂的书开始，努力培养自己的阅读兴趣。为了形成必要的阅读氛围，教师自己可以组建读书会等组织，或者参与到各种线上线下的读书俱乐部，让自己与优秀教师结伴而行。我们新教育实验的种子计划、网络师范学院、新教育萤火虫等，都有不少成熟的阅读团队。在很多新教育实验学校,也有许多非常成功的做法。

我想,如果解决了以上三个问题,基本上就可以为你建议的"教师阅读学"的建设奠定基础。教师阅读的价值、内容、方法,包括你信中提到的阅读心理、制度建设、组织模式、评价方式、转化机制等问题,都是值得深入探索和研究的问题。我很赞成你在信中所说的,作为教师的阅读,不仅仅是为了职业,为了把书教好,甚至也不仅仅是为了成为一位优秀的教师。教师阅读最重要的目标,是为了成为一个更好的人,成为一个幸福完整的人。

新教育实验提出,人的生命有三个维度,生命的长度,生命的宽度和生命的高度。生命的长度和我们的自然生命相联系,生命的宽度和我们的社会生命相联系,生命的高度和我们的精神生命相联系。这三个维度都和阅读相关,尤其是精神的高度,更是直接与阅读相关。人作为一个具有语言和思维能力的生命体,是唯一能够运用符号系统的生命体,阅读本身是人之为人的一个非常重要的标志。如果没有阅读,没有精神生活,人在一定程度上就不是一个真正意义上的人。如果一个人不能阅读,就不能真正继承人类的优秀文化遗产,不能更好地领略那些精彩的精神风景。那么,他的精神世界将是贫瘠的,现实生活也是狭隘的。世界上最美的风景,不是自然界的好山好水,而是在大自然的基础上,用文字再创造的奇妙的精神风景。这些精神风景的力量,比起大自然的风光,更能够抚慰我们的心灵,让我们宁静,让我们幸福。

"教师阅读学"作为阅读学的一个非常重要的组成部分,有着非常丰富而独特的内涵,也有着独特的研究方法和研究路径,是一个理论性和实践性都非常强的领域,需要我们不断地开拓与建构。我愿意与老兄,与大夏书系、《教师月刊》的朋友们一起,为建设中国的"教师阅读学"而共同努力。

你的朋友:朱永新
2019年9月1日开学日,北京滴石斋

国庆读书记

朱老师：

马上又是国庆长假了。今年是中华人民共和国成立70周年，所以这个长假具有特别的意义。我自然无法知悉您这七天的安排，但可以推断的是，肯定有一个"固定节目"：读书。待国庆节过完，请您跟我们说说您的"国庆读书故事"，今年的，以前的，都可以聊。谢谢！（林茶居）

茶居老师：

来信收到。知我者，茶居也。的确，这又是一个有许多话可以说的话题。以往的国庆节，我一般都要回到苏州，用这长假的整段时间，静心读点书，写点文章，见些朋友。今年是中华人民共和国成立70周年，今年的国庆节当然是一个特别的国庆节。我应邀参加国庆阅兵式和相关的联欢活动，所以留在了北京。

国庆的序幕是从9月30日拉开的。这一天是烈士纪念日，上午十点，党和国家领导人与各界群众向人民英雄纪念碑献花篮。我也拿着鲜花走在队伍之中，缅怀为共和国牺牲的先烈们。当晚，在人民大会堂参加了国庆招待会。

10月1日早晨四点半起床,写当天的"童书过眼录",算是正式开始了国庆读书。

每天早晨,读一本童书,在微博上发一则感想,这是我的必修课。这一天读的是"花婆婆"方素珍与江书婷合作的《闪电鱼尼克》。这是一本可以让孩子"脑洞大开"的图画书,也是方素珍老师首部亲笔手绘的原创图画书。故事讲的是在深深的海底,有一条与众不同的小鱼儿,它身上有一道闪电的图案,大家都叫它"闪电鱼尼克"。它不想当小鱼,想变成西瓜鱼、洋葱鱼、母鸡鱼……可是它的好朋友泡泡鱼都不喜欢。它实在想不出究竟还能够变出什么样子的鱼,于是决定去旅行,它看到了蓝天上的"白云鱼",品尝了天上落下来的雪,在陆地看到了许多奇怪的事情,到处都是它没有听说过的事物。经过一番探险和游历,尼克决定要变成一条很有学问的"读书鱼"。于是,它和朋友们成立了海底图书馆,每天开心地和朋友们一起听故事、看好书。这也成为海底最美丽的一道风景。

我很喜欢方素珍的这本书,它巧妙地通过闪电鱼寻找自我的故事,讲述了阅读对于成长的意义。其实,阅读就是一个不断发现和寻找自我的过程,就是一个不断地和伟大对话、相遇的过程,也是一个不断地成就自我的过程。

早晨五点半从家中出发到中央统战部。各民主党派的观礼嘉宾统一在这里集合去天安门观礼台。

上午十时,"庆祝中华人民共和国成立70周年大会"隆重举行。习近平总书记发表重要讲话以后,是阅兵式和群众游行,各类兵种、各种武器装备接受检阅,尽显国威军威;各种主题、各个省市的花车巡游长安街,"共和国70年发展"的历史浓缩其中。

总书记在讲话中最让人难忘的话语是:"没有任何力量能够撼动我们伟大祖国的地位,没有任何力量能够阻挡中国人民和中华民族的前进步伐。"

阅兵式结束以后,我在接受中央电视台《新闻联播》的采访中说:"总书记的讲话有豪气,有勇气,有底气,我们要花力气落实总书记的讲话精神,为国家的经济社会发展建言谋策,提建议,出主意,贡献智慧和力量。"

晚上参加国庆联欢晚会。张艺谋导演的参与式大型联欢会,加上绚烂的礼花焰火,把天安门装点得五彩缤纷。国庆夜晚的星空格外璀璨。

10月1日,国庆日一天,是特别、充实、忙碌、幸福、兴奋的一天。

10月2日开始,是我的"辛庄六日",是我集中读书的六天。

2日早晨五点不到,仍然像往常一样,早早起床晨读,写下了当天的"童书过眼录"。这一天读的仍然是方素珍前不久寄给我的签名图画书《玩具诊所》。故事来源于台湾新北市新泰小学的一个玩具诊所,一群年过七旬的爷爷奶奶在学校里为孩子们开设了一个专门修理坏掉的玩具的"诊所"。方素珍老师说,她想通过这本书,跟孩子们分享爱物惜福的人生哲学,同时让孩子们体会到:只要善加利用,任何旧东西都能拥有新的生命;只要努力发光,每个人都有用武之地。

10月3日到7日,阅读的分别是《红发球艾米丽》("绝非普通人"系列,弗雷德里克·李维文图,胡小跃译)、《气球人巴纳比》(同上)、《我有友情要出租》(绘本桌游,方素珍文,郝洛玟绘)、《好忙的蜘蛛》(艾瑞·卡尔文图,邓美玲译)、《奶奶逮到了一只小精怪》("我是夏蛋蛋"系列，彭懿文，周尤绘）。读完之后，我都在当天的微博和头条上与网友们分享。

发完当天的微博和头条，完成当天的"晨课"，我就出发前往辛庄——位于北京顺义的辛庄师范，提前20分钟到达课堂，参加在这里举行的《黄帝内经》实修班。

早晨七点开始，练习站桩。每天的早课站桩一般是从静桩开始，接下来全天的功课就是诵读《黄帝内经》《心经》《道德经》选段。然后是打坐、听行益老师讲解《黄帝内经》。中午稍事休息，下午两点半开始练习动桩，打坐，然后参加分组讨论交流，一直到晚上七点半左右。每天晚上回到房间，静心再读两个小时的书，然后休息。

六天时间，读书、运动、交流，就这样周而复始地循环。

每天读的书，首先是《黄帝内经》。采用的方法是行益老师传授的"满腹经纶读书法"。行益老师生长于陕西渭南乡下一个中医世家，虽然只念完小学，但对中医经典以及道家和佛家的著作非常熟悉。他认为，《黄帝内经》其实是关于人生的一部经典，所以学习内经首先不是学习医学，而是学习人生，是学会"认认真真做事，踏踏实实做人，简简单单生活"。他认为，《黄帝内经》是方向，是方法，是中国古老的生命科学。在他看来，有形之病可通过无形气化进行逆反式的恢复，每个人都是自己最好的医生，"人最该修的课程是生命的课程，修身，自救救人，修心，自渡渡人。修行，就是用辛苦转化痛苦"。他强调人生就是舍得，舍什么得什么。人性和兽性，雅和俗，最大的区别是利他和利己。很多大智慧的警句，不经意间就从他的嘴里说出。难怪张德芬说他是"生长在厚实土壤里的瑰宝奇葩，貌不惊人的灵性医学传承者，大隐于世的民间高人"。

来辛庄时，除了每天阅读的童书和《杜威教育文集》外，还带了余世存先生送我的《己亥》。这本书在10月1日就带上了，参加国庆观礼活动时，在几个小时的等待时光里，差不多读了一半，到辛庄后，用两个晚上读完。

这是一本很特别的书。它是余世存与龚自珍跨越时空的对话，是两位知识分子的心灵对白。180年前的农历己亥年，龚自珍辞职离京，南下回家，后又北上接家眷回乡，其间行走九千里路，写成了中国文学史上罕见的大型组诗《己亥杂诗》315首。180年后的农历己亥年，余世存在书中化身龚自珍，用现代白话文演绎这些诗歌，也努力还原龚自珍在己亥年间的心灵轨迹。

全书分缘起泉涌、辞官出京、青春壮盛、猖狂江淮、浮生家园、东山苍生、再度北上、吟罢归乡八章，按照龚自珍的生平叙事和《己亥杂诗》的逻辑结构依次展开。在书中，我们不仅看到了那个"我劝天公重抖擞，不拘一格降人才""九州生气恃风雷，万马齐喑究可哀"的壮怀激烈的龚自珍，也看到了那个"万人丛中一握手，使我衣袖三年香""可能十万珍珠字，买尽千秋儿女心"的柔软敏感的龚自珍。

余世存把龚自珍比喻为"中国的但丁"，认为《己亥杂诗》既是他的自传，也是他的《神曲》，是"传统中国的人格美学、生活美学的示范，全面反映了传统中国个体生命的大视野、大情怀"。他认为，龚自珍的意义远远没有被发现。如果说《红楼梦》是以小说的形式呈现传统文化的集大成之作，那么龚自珍则是以人格形式呈现传统文化的最后的里程碑。龚自珍完美阐释了一个知识分子知道、闻道、布道的使命，体现了他既能够锲而不舍地追求人生理想，又能够妥帖安顿自己的生命的人生境界。

对于今天的我们来说，龚自珍的确是一面镜子，他能够映照我们的灵魂，让我们学会回到自己的内心，自由地表达自己。

余世存在这本书的序言中说，他希望当代的读者能够注意到，"一个人，无论他是文明世界的国民，还是古典世界的先知、圣贤、才子，其可能抵达的人生广度、密度、高度是什么样子，对比起来我们的人生过于短浅，过于浪费"。读任何书，其实都是在读自己。我想，这也是读《己亥》的意义所在。

10月2日晚上的课程结束以后，与成都华德福学校总校长、中国第一位华德福"主班老师"李泽武先生见面，讨论学校课程建设等问题。泽武送给我由他翻译的华德福创始人鲁道夫·施泰纳的著作《人的研究》。一百年前的1919年8月20日，从这一天开始，施泰纳在斯图加特为第一批华德福教师作了14场讲座，这本书，就是当时的讲座整理稿。

当晚回到房间，翻阅这本书。一百年前的文本，加上有许多施泰纳自己创造的词汇，读起来有些费劲。总的来说，讲述了作者构建的大小宇宙。大宇宙，是讲精神、物质与心的关系。小宇宙，是讲感受、意志、思考与新陈代谢系统、肢体系统、神经系统的关系。从身前死后的宇宙图景，到对于教师个体成长的建议，内容丰富，思想深邃，体现了一个教育变革者的宏图大略与务实精神。

施泰纳在教师集训前夜的公开讲座中说："为了让现代精神生活焕发新的活力，华德福教育应当是一场真正意义上的文化行动。"他指出，整个社会运动的终极基础是精神性的，而教育恰恰就是"激烈又重大的精神问题中的一个"。所以，教育的变革，本质上是一场文化行动。所以，对于教师来说，就不能只是做一个教育者，而应该成为"最高词义上的高层次的文化人"。

施泰纳对于理想学校的结构提出了设想。他主张华德福的学校不应该是官僚的，而是"集体参与管理式"的，是一个"真正的教师共和体"。所以，支撑学校运行的"不是安逸的靠垫和校长办公室发布的规章制度"，而是工作的责任感和使命感，是工作给予"每个人的可能性和自己承担的完全的责任"。施泰纳对教师说："我们每个人应当对自己完全负责！"

施泰纳对于教师的素养提出了四个方面的要求：对世界的兴趣，热情，精神的灵活性，奉献精神。他认为，一个好教师应该对当今世界发生的每一件事有"鲜活的兴趣"，而不能只对某些"特定的任务有热情"，而"通过对世界的兴趣，我们就一定对学校和我们自己的任务有热情"。施泰纳同时提出，精神的灵活性和对于职责的奉献是不可或缺的，"只有当我们把个人的兴趣投入到当今时代伟大的需要和任务中时，我们才能取得属于今天的成功"。

给我留下最为深刻印象的，是全书结尾的一段文字。施泰纳充满激情地写道——

想象力的需求，对真理的意识，对责任的感受——这些是教育的神经的三股力量。那些想做教育的人，必须写下这段格言：

让想象的力量充满你

拥有面对真理的勇气

敏锐你对心灵的责任感

10月6日中午动桩课程结束以后的课间休息时，与成都华德福学校的张莉老师交流未来学校以及新教育实验的课程体系与华德福的异同等问题。她转送了瑞士歌德馆人智医学部前部长米凯拉博士送给我的英文新书《在数字媒体世界中健康成长》。晚上回到房间细读了这本书。它是由德国15家公益组织联合发起、由德国一个医疗组织具体落实编写出版的儿童与青少年网络教育指南。米凯拉博士参与了这本书德语原版的资料收集和整理校对工作，并且翻译和推动了英文版的出版。这本书详细介绍了在不同的年龄阶段，如何正确地使用数字媒体，培养孩子的媒体素养、能力。对于父母、教师和专家来说，这是一本很好的指导手册，可以按照书中的理论和案例，更好地帮助孩子们有能力以适当和适龄的方式来运用数字媒体，在需求和防护中取得平衡，促进身心健康发展。我们当即初步决定把这本书翻译成中文，由湖南教育出版社出版。

在辛庄师范学习期间，还参加了林明进夫妇与学生的互动交流活动。林明进先生被称为台湾地区最牛的语文教师，他19岁师从一代大儒爱新觉罗·毓鋆，成为追随先生数十年的入室弟子。他在台湾地区最牛的中学教语文，34年坚持每周都让学生读一本书。他认为没有阅读就没有写作，认为教语文不仅仅是教语文，更重要的是教学生成为顶天立地的人。他介绍说，他教学生写作文，第一篇作文，只让学生写最熟悉的题材，写自己的心里话，只要写一句话就可以，但必须是自己的语言。

林明进先生提出了教作文的三个理论：橙子理论、酱油理论和驾校理论。橙子理论，就是说你让学生写一个橙子的话，这个橙子不是让他通过到超市购买而得来，而是要自己栽树看它结出果实。酱油理论，就是要把土法制作酱油的办法用在写作上，即先把黑豆放进坛子里，经过多半年的发酵，才能够制造出地道的美味。驾校理论，就是说写作要像学习开车那样，分项学习，不能直接开车上路，一开始就让学生写作文。他认为培养写作能力和鉴别写作能力是两个问题，培养写作能力是慢功夫，他曾经教一篇作文，让学生写学校里的莲花池，写了一年零三个月。他认为，平时出一个题目就马上让学生写，是不符合教育规律的。他对于新教育实验重视中国传统文化的教育非常欣赏，他认为目前华人社会都面临着最伟大的机会，同时也面临着最可怕的危机，如果我们没有文化自信，没有真正意义上的中华文化的重建，就没有真正的未来。与林老师交流时，我一直在想，中国应该有更多的像他这样的学者型中小学教师。

临别时，林明进老师送了我一些他的著作，包括《学"生"》《笨作文（实战篇）》《培养自然而然的写作力》（基础篇、创意篇、技巧篇三册）等。可惜还没有时间详细阅读。

辛庄六日，每天很充实。离开时，行囊中增加了一大包书，体重减轻了七斤。心灵与身体收获满满。心中想，这就是我想要的生活！

你的朋友：朱永新

2019年10月13日，北京滴石斋

小学如何营造书香校园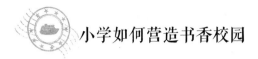

朱老师：

假如有一所新创办的小学，各方重视，资金充足，请您帮忙做"书香校园"建设的设计，从硬件设施、环境布置到图书配置、活动开展、阅读课程开发及其他相关工作，您会有什么样的建议？（阿孔）

阿孔老师：

谢谢你提出这个非常重要的问题。

阅读是最主要的学习手段，也是我在新教育实验中最关注的问题。

新世纪初，新教育实验启动不久，我们就明确提出了"营造书香校园"的理念，并且作为当年新教育六大行动之首。中国教育报"读书周刊"主编王珺当时马上找到我采访，在2003年年初的"两会"期间推出了专访《最理想的学校图书馆什么样？——全国政协委员朱永新推出"书香校园"概念》。这篇专访一下子抓住了新教育在"书香校园"建设上的三个关键问题：图书馆应随时随地向孩子敞开、让爱书懂书的人荐书管书、书香校园是学校图书馆发展的终极目标,对理想中的中小学图书馆进行了描绘和展望。

那个时候,"书香校园"还是一个新概念。现在,已经成为大家普遍接受和使用的一个热门词汇了。

新教育实验对"营造书香校园"有一个简明的描述:通过创造浓郁的阅读氛围,整合丰富的阅读资源,开展多彩的读书活动,让阅读成为师生日常的生活方式,进而推动书香社会的形成。这个概念基本上讲清楚了书香校园建设的主要内容。2007年,我们出版了操作手册《与崇高对话:新教育实验与书香校园建设》,指导新教育实验学校开展新教育实验的书香校园建设。

的确,书香校园建设,在任何一个阶段的学校都具有基础性、根本性的作用,尤其是在小学阶段——它是学生阅读兴趣、阅读能力和阅读习惯养成的最关键的时期。我一直认为,学校,在本质上就是一个师生一起阅读、实践、探索、求知的地方。没有阅读,就没有教育,当然也谈不上学校。记得苏霍姆林斯基就曾经说过:"一所学校可能什么都齐全,但如果没有为了人的全面发展和丰富精神生活而必备的书,或者如果大家不喜爱书籍,对书籍冷淡,那么,就不能称其为学校。一所学校也可能缺少很多东西,可能在许多方面都很简陋贫乏,但只要有书,有能为我们经常敞开世界之窗的书,那么,这就足以称得上是学校了。"可见,书香校园应该是作为学校甚至教育的基本活动和本质特征。

具体而言,一所小学究竟应该如何营造书香校园呢?

从不同角度而言,有着太多需要分解的方法。无论是小学教师自身的阅读引领,还是家庭的亲子共读,都是书香校园建设的重要内容。从校园这一整体而言，要做到下面几条。

首先，应该有一套以图书馆为中心的健全的阅读设施，让学校有浓郁的阅读氛围，成为真正的读书场所，成为师生共同的精神乐园。将学校图书馆、年级图书广场和班级图书角建设作为首先予以重视和投入的方面，尽可能做到在学校的任何地方，书籍都能触手可及。应该精心选择和采购适合学校不同年级师生的图书，满足不同学科学习与项目式学习的需要。应该让学校最有学问、最爱阅读的教师担任图书馆馆长，把图书馆变成真正的学习中心。图书馆尽可能全天候开放，允许学生随时到图书馆查找资料，进行研究性学习。可以结合教学内容把相关的图书放到年级的图书广场和班级图书角，让学生更加便捷地得到需要的图书。

小学的书香校园环境建设很重要，因为小学生对环境更加敏感。所以，很多学校在校园里搭建了"神奇书屋"，把图书馆装修成童话故事里的模样，让学校图书馆、图书角等成为学生最喜欢去的地方。浙江省杭州市萧山区的银河实验小学，在营造书香校园环境方面，就做了很有意思的探索。"校园无处不书香"，是他们的核心理念。学校的校门就像徐徐展开的卷轴，其寓意即"读书就像呼吸一样自然"，校园十条主干道，以十大世界经典名著命名，它们承载着形塑生命的美好内涵，蕴含"经典滋养灵魂"的育人理念。与此同时，他们提出"让教室成为图书馆"，在大力丰富学校图书馆馆藏图书（现有四万多册）的同时，为每个教室配足了学生共读书目（新教育实验学校的共读书，按班级人数人手一册配备）。每年9月，打造高品质班级书柜是新学期开学的重点工作。学校还为每位学生办理了萧山图书馆的借书证，并与市少儿图书馆实现了资源共享，引导和促进学生养成利用图书馆的习惯。

其次,图书配备也是营造书香校园不可忽视的重要问题。读什么的问题,在小学阶段特别关键,特别重要。因为如果在小学阶段接触到最好的图书,学生就能形成好的阅读趣味,就能够逐步学会鉴别什么是好书什么是不好的书。费尔巴哈说过,人是他自己食物的产物。阅读的高度决定精神的高度。应该让学生利用有限的时间读到最高品质的图书,与大师对话,与经典为友。这些年,我走访了许多小学,看到绝大多数小学的图书馆是不符合要求的,馆藏图书绝大多数是不适合小学生阅读的。我一直建议,应该有一个国家中小学图书馆的基本书目制度,我们的新阅读研究所就研制了一个初步的《中国小学生基础阅读书目》。学校的图书馆和班级图书角可以参照这个书目选购图书。"安徒生儿童文学奖"获得者曹文轩先生曾经评价,新教育研制的小学生基础阅读书目是最可靠、最权威的儿童阅读书目,"虽然可能有遗珠之憾,但绝没有鱼目混珠"。我也一直希望,新教育实验学校应该把我们研制的《中国小学生基础阅读书目》作为小学阶段阅读的基本内容,保证我们的小学生有一个最基本的阅读量,也有一个最基本的阅读品质。在这个基础之上,可以鼓励小学生的个性化阅读,鼓励以教室为单位的个性化共读。小学阶段书香校园建设的一项重要任务,就是帮助学生形成一个阅读的好胃口,好习惯。

再次,阅读课,可以保证阅读时间,是小学营造书香校园的重要路径。多年来,新教育实验研发了晨诵、午读、暮省的儿童课程,推出了新教育整本书共读和儿童阶梯阅读的项目,提出了学科阅读与学科写作的理念,使阅读课程化得到了落实。许多小学也做了颇有特点的创造性利用。如杭州萧山银河实验小学就研发并实施了一系列阅读课程——以校园十大主干道为载体创生的十品性课程，以儿童课程为核心的入学课程，植根于学校文化的农历课程等。这些课程都是建立在阅读的基础上的。这些阅读课程的研发，既是对国家课程的重要补充，也是对人的生命发展的主动应和。银河实验小学把最好的时间留给了阅读，将阅读排入课表：每天学生一到校，便是20分钟的自由阅读。每周两个早上进行晨诵；每周三中午为整本书共读时间；每周一下午走班课程时间，安排影视阅读。学生每周在校阅读总量达260分钟。此外，回家阅读每天不少于30分钟，校外周阅读时间不少于210分钟。保守估算，学生每学期平均阅读量低段100万～300万字，中段500万～600万字，高段1000万～1500万字。在许多新教育实验学校，小学生阅读量是教育部规定的阅读量的近十倍。有些学校还把"学生阅读情况"制作进电子成长档案，被家长们誉为"值得珍藏一生的礼物"。

最后，是关于开展阅读活动的问题。在新教育实验学校，阅读活动可谓千姿百态，丰富多彩：从"9·28"校园阅读节，到形形色色的阅读主题月，从图书漂流到图书跳蚤市场，从阅读之星评比到阅读班级竞赛，从自制图书展示到撰写图书评论，从图书戏剧表演到名著影视欣赏……如江苏武进清英外国语学校的童话节就非常有特色。从2013年起，童话课程就成为清英外国语学校特有的一门课程，每个孩子阅读童话、研究童话、参演童话。我看过他们一年级学生自编、自导、自演的童话节目，在《皇帝的新装》《快乐的蓝精灵》《三打白骨精》等剧目的演出中，小演员们用丰富的肢体语言，将情节演绎得淋漓尽致。小学生郑博文说:"我在蓝精灵里面很开心。感觉我自己就是一个快乐的蓝精灵。"

幼儿园、小学、中学、大学,不同学段的书香校园建设,有异有同。今后有机会,我陆续再分享其他学段的一些思考吧。

你的朋友:朱永新

2019 年 12 月 22 日,良渚君澜度假酒店

中学如何营造书香校园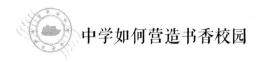

朱老师：

上一期您给我们介绍了如何在一所新创办的小学做书香校园建设的设计，很实在，很管用。那么，如果是一所中学（含初中和高中），您又会如何设计呢？您能够给我们的中学校长们提一些建议吗？（阿孔）

阿孔老师：

谢谢你的问题。我在上一封信中讲过，中学、小学的书香校园建设有很多共性的东西。对于中学来说，如果学生在小学阶段，阅读的兴趣、习惯、能力都基本养成了，很多工作就比较容易做了。但如果小学的阅读基础没有打好，中学就需要"补课"。而且，由于中学阶段课业压力相对较大，培养阅读的习惯与能力，需要花更大的力气和更多的时间。

中学的书香校园建设，不妨从"给新生的第一封信"开始。最近几年，清华大学等校长给新生推荐好书已经成为一件时髦的事，其实，早在20年前的2000年8月，我的好朋友、当时刚刚担任张家港高级中学校长的高万祥先生，在给首届新生的录取通知书中,就夹着一封题为"走进名著世界,你才能享受到精神富裕的欢乐"的公开信。他在信中写道:"阅读名家名著可以怡情养性,丰富人的精神世界,提高人的审美能力。我们喜欢苏东坡的诗,便向往他那自由、豁达、乐观的天性,学习他那无论富贵贫穷都始终保持亲切超脱的人生姿态。同样,雨果的博大,契诃夫的幽默,冰心的隽永,朱自清的清新……都是我们最丰富的精神营养品……"和这封信一起寄出的是一份《张家港高级中学必读书目》(以及"阅读要求"),信的署名是"你的书友、校长高万祥"。这是他给学生的第一份礼物,也是学校给学生上的第一堂课。这样的信,这样的书单,每个校长,每所学校都是可以做的。

说到书单,我曾经结合章敬平先生的新书《欧阳修传》谈了中学生究竟应该读什么书的问题。几年前,我们新阅读研究所和北京十一学校用了几年的时间,研制了《中国初中生基础阅读书目》和《中国高中生基础阅读书目》,应该说,这是目前比较靠谱的,经过专业团队反复打磨的中学生书目。我们正在研制中学生的学科阅读书目,相信未来也可以给中学生的阅读提供更好的专业支持。

中学的图书馆建设非常重要。苏霍姆林斯基就认为,图书馆在学校发展中发挥着十分重要的作用,他主张学校应有足够的图书供学生阅读,甚至边远的农村学校也不例外。他说:"在学校图书馆或教师私人藏书中,应当备有发展了教学大纲材料知识的书籍。这类书籍已出版很多,正在出版的也不少。阅读有关现代科学前沿的书籍,阅读这类书籍有助于阐明学校的基础知识。""学校应成为书籍世界。你可能是在我国遥远的角落里工作，你所在的乡村可能远离文化中心数千公里，你学校里可能缺少很多东西，但如果你那里有充足的书籍，你的工作就能达到与文化中心同样的教育水平，取得同样的成果。"也就是说，如果一个学校拥有品种足够丰富、品质足够卓越的图书，能够为教师和学生的精神成长与学科学习提供足够好的支持，即使是农村的学校，也是可以与中心城市的学校媲美的。

苏霍姆林斯基担任校长的帕夫雷什中学是一所乡村学校，但是他们的图书馆藏书达1.8万册，藏书中包括已列入世界文学宝库的所有著作，以及应当在童年、少年和青年早期必读的最低限度的那些书籍。此外，还有数学专用室、语言文学专用室、外语专用室等，这些专用室也有各自的专业书籍，如语言文学专用室收集了两百部文艺作品，这是每个人在校期间都要看完的。我曾经考察过台湾地区最好的中学，其图书馆的藏书非常丰富，图书馆馆长由学校公认的最有学问的教师兼任。

中学的书香校园建设，有一支热爱读书的教师队伍非常重要。读书是教师成长的基本途径，苏霍姆林斯基就要求教师"要天天看书，终身以书籍为友"，认为"这是一天也不断流的潺潺小溪，它充实着思想江河。阅读不是为了明天上课，而是出自本性的需要，出自对知识的渴求……"教师应该成为学生读书的引路人，应该会为不同的学生选择最适合他们的书籍。苏霍姆林斯基曾经说过，如果一个班有30个学生，在教师的书架上就应当有300本书供他们选择，"教师教的不管是哪一门功课，都应当激发学生对书籍的迷恋，这里指的是那些渗透着思想性，能使一个即将步入生活的人得到提高，变得高尚起来的书籍"。他打过一个形象的比喻：书籍就像沉睡在图书馆书架上的巨人。只有通过教师，才能"使沉睡的巨人苏醒过来，投入少年的臂膀，拨动他的心弦和理智，往他的胸怀里灌输神奇的力量"。

在苏霍姆林斯基的影响下，他的学校中教师的个人藏书达4.9万册。如文学教师 B.T. 达拉甘的藏书有1000多册，物理教师 A.A. 菲利波夫有1200册，教导主任 A.И. 雷萨克有1500多册，语言教师 B.A. 科斯奇科和 A.И. 列兹尼克各有1400～1500册，苏霍姆林斯基和 A.И. 苏霍姆林斯卡娅的私人藏书共有1.95万册。另外，学校中的每个教师都订有几种杂志和几份报纸，这些报刊都可以交换阅读。一位优秀的中学校长，他一定会点燃教师的阅读热情，引导、促进、培养教师成为爱读书的人和善于指导学生读书的人。

教师的读书研讨交流，对于培养教师的阅读兴趣和提高教师的阅读能力，具有重要的意义。在帕夫雷什中学，教师大约每月两次结合自己的阅读，向同事们作学术问题的讲演，并且配合每个讲题在教师陈列橱或学校图书馆陈列有关书刊资料。苏霍姆林斯基曾经很骄傲地说："集体的智力财富之源首先在于教师的个人阅读。真正的教师必是读书爱好者：这是我校集体生活的一条金科玉律，而且已成为传统。"

在中学，开展丰富多彩的阅读活动对于建设书香校园同样非常重要。一般而言，小学的阅读活动应该更加注重活动的形式，用生动活泼、有趣好玩的方式吸引学生。我们许多新教育实验学校的校园阅读节就开展得很有趣味。前不久，常州武进区的一所农村学校——新安小学开展的"寒假21天故事田"阅读推广活动就很有创意。2019年5月，新安小学成立了全国首个"新教育乡村阅读站"，继2019年暑期"慧悦读"21天阅读公益活动之后，2020年寒假伊始，他们就开展了三项阅读活动：一是"线上听读时空"，每晚七点向孩子们推送故事，倡导家庭开展亲子共读；线上故事主题分为科技时光、欢欢喜喜过大年、走进历史王国；孩子们每天七点守候在CCtalk，与同学、老师进行线上阅读互动。二是"书香地铁"阅读推广活动，学校师生和父母组成六个小分队，在常州地铁2号线开展了"彩色阅读 人文行走"的阅读推广系列活动；候车处、车厢内，小小志愿者化身为阅读的小小火种，点亮人群中的那一盏盏阅读之灯；"快闪队"萌娃们童声童趣的古诗吟唱引得众多乘客和地铁工作人员驻足观看；"阅读心愿队"和"阅读新闻队"的孩子们向行人赠送亲手制作的书签并介绍阅读的好处；"炫彩小队"的孩子们，在地铁站向陌生的朋友们展示了自己和同学们的绘本作品。三是"相约小书房读书时间"，每天与好书相约40分钟，在阅读记录卡上自主评价，或借助App作阅读分享。

中学的阅读活动应该更注重活动的内容，用富有智慧和创意的方式吸引学生，尤其是结合学习科目的学科阅读，如苏霍姆林斯基领导的帕夫雷什中学，就有许多科学学科小组，其中高年级的学生钻研科学书刊，了解自然科学的各种问题，建立专业图书室，给自己的同学作诸如《自然界无机物到有机物的转化》《超导性问题》《物质的等离子状态》《物质与反物质》这样的报告，同时给低年级的学生朗读科普读物里的论文、故事和特写，举办少先队科学技术朝会。学校还系统地举办以"科学功勋英雄"为题的晚会与朝会，布鲁诺、伽利略、哥白尼、达尔文、郭霍、皮埃尔·居里和玛丽亚·居里、巴甫洛夫、巴尔金、科罗列夫等著名科学家的故事，同样激励着学生对知识和文化的追求。

有很多老师问我，中学的阅读活动究竟应该如何搞。其实我觉得问题的关键不是活动如何搞，而是对阅读价值的认识是否到位。正如有人说的，中学生课业负担很重、阅读没有时间一样，问题的关键不在于有没有时间，重要的事情总是有时间的。如果我们的校长都能够像苏霍姆林斯基那样，就一定能够安排足够的时间推动阅读，举行丰富多彩的阅读活动，把学校建设成为书香充盈的美丽校园！

你的朋友：朱永新
2020年春节，北京滴石斋

我的阅读与人生
——答郭明晓老师 12 问

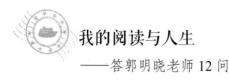

1. 您这么多年以来,长年累月,一直奔波。记得 2013 年年底,您到宜宾宣讲新教育时,是凌晨两点才到宜宾的。我和您是同龄人,那一次我只是作为陪同,都觉得非常累。您说句真心话:您不累吗?您在不同的人生阶段,是怎样做到了始终保持充沛的精力投入工作的呢?

当然,人不是钢铁,总是会累的。如何能够保持充沛的精力投入工作?这取决于三点:

第一,你有没有一个比较好的、健康的身体和体魄,这个非常重要。前段时间,我为新生命教育的公益课程活动作了一个讲座——"做最好的自己",其中说到健康的身体是"1",其他都是"1"后面的"0"。

从上大学开始,我就注重运动和锻炼,每天尽量早睡早起,坚持晨跑,洗冷水澡,下午打球、运动。这么多年来,我一直坚持运动、游泳、打乒乓球、打篮球等,现在主要以走路运动为主。运动是保持充沛体力的基础。

第二，注意休息。每个人所需要的休息时间可能不一样。像我，每天只要保证六个小时的睡眠，就能够精力比较充沛地工作，如果少于六个小时，那我就会感到疲倦。我的睡眠质量比较好，基本上躺下去很快就能够睡着。另外，我还有一个及时休息的习惯，可以利用各种各样的机会抓紧睡觉，比如，我经常在车上睡。运动和休息，都非常重要，所谓张弛有度。

第三，在工作的过程中，要学会调节。比如说，在写作、阅读的过程中累了，可以看一些童书。我每天在我的新浪微博和我的"头条"上推荐的童书，一般情况下，都是在我读学术著作比较累的情况下，作为一种调节的方式所读的，这样也可以比较好地利用好时间。

总之，第一要注意运动，第二要注意休息，第三要注意调节。

2. 您原来是在江苏师范学院（现苏州大学）政教系学习的，大学三年级时，也就是1980年，您通过选拔，进入上海师范大学教育心理学师资班学习，毕业后留在江苏师范学院，成为大学教师。应该说，这是您人生的一次转折——您抓住了这个机会。回顾这段经历，您对现在的年轻教师，在如何创造机会、把握机会上，有什么建议？

其实呢，很多人，都做过很多梦，有过许多梦想。我年轻的时候，就做过作家梦，写过诗歌，写过小说，投过很多稿，尽管绝大部分都被退了回来。

上大学以后，渐渐变得务实，也很清楚自己毕业以后可能会做一位政治教师。按照政治教师的目标，我在大学里开始系统地读书。所以，当时在苏州大学，我把教育学、心理学以及有关政治类的书基本上都读了一遍。在大学图书馆，应该说，我是借书最多的人之一。图书馆的管理人员有时候很奇怪："你昨天来借书，怎么今天又来借书了？"在这个读书的过程中，我就做了很多的积累，做了很多读书笔记。本来是已经做好了当中学教师的所有准备，在大学三年级的时候，学校公布消息：招在校生到上海进修，以后留校当大学教育学、心理学教师。我觉得这是一个很好的机会。那个时候我靠的是什么呢？就靠我那十几个笔记本。我拿着这些笔记本去找系领导，我说："我真的是为当教师作了准备的，你看我做的这些教育学的笔记、心理学的笔记，说明我是真的喜欢这个职业。"

没有想到，这些笔记还真的发挥了作用。加上考试我考得也还可以，最后，我很荣幸，成为当时学校派往上海进修的五个学员之一。

这对我确实是一个很好的机遇。机遇总是留给有准备的人。你作好了准备，总会有机会的。后来，我也想过，如果没有去上海的这个机遇，那还有没有其他的机遇呢？可能有。或者，那时候我会去考教育心理学的研究生，毕竟读了那么多书；或者，到中学教书以后，因为相对来说积累的教育学、心理学知识比较多，成为优秀教师的概率应该会更大。

总而言之，扎扎实实地作好准备，总会有机会的。

3. 当初作为一个普通的年轻人，走上工作岗位的时候，您遇到过什么困难吗？您又是怎么解决的？

应该说，人生就是不断地与困难遭遇，不断地把遭遇变成机遇的一个过程。新教育倡导"生命叙事"，我的遭遇很多，我也来一次"生命叙事"。

刚刚从上海毕业回到苏州大学工作的时候，我满怀希望地期待进入心理学教研室。因为我最喜欢心理学，而且还有一些心理学研究成果——在上海师范大学进修的时候，我参加了国家统编教材《中国心理学史》的编写，参加了《中国大百科全书（心理学卷）》的编写。

但是，分配工作的时候，教研室主任坚持安排我教"教育学"。他的理由是：你两门课都能够教，别人只能教一门。

虽然从大学科上来说，心理学和教育学都在大教育学科的范畴，但是两个学科还是有很大的不同的。

面对这样的工作安排，我只能服从，而且，我还要求自己：必须把本职工作做好，上教育学课，一定要做到上得最好，做教育学的研究，也一定要做得最好。在这样的情况下，我再去做心理学，才能够心安理得，做得更好。

当时，我心里还是有一定的委屈，因为在心理学上我已经有了一定的研究实力和研究成果，如果在心理学教研室，就可以名正言顺、全力以赴地研究心理学。

因为在教育学教研室工作，所以，要参加心理学的学术活动，就只能利用暑假，因为是假期，可以安排自己的时间，我自然也不能公费，我就自费去。

在这样的背景下，其实我一个人同时从事两个领域的研究工作。我要在本职领域——教育学领域作出成就，就必须花费很大的精力和时间，同时，心理学这个领域是我喜欢的研究领域，我也有非常好的基础,有非常好的发展潜力,所以我也要花很多时间去做。

如何在两者之间寻找结合点?经过摸索,我找到了其中一个非常好的结合点。当时我做心理学研究,主要就是研究心理学历史,在编写《中国心理学史》和《中国心理学思想资料选编》的过程中,我有意识收集教育思想史的资料,这样就有了很丰富的积累。没有想到,后来我在心理学思想史上的研究成果,还不如在教育思想史上的研究成果有影响力。1980年代末,我完成了80万字左右的著作《中华教育思想史》。这本书是我当时评教授的一个很重要的条件,它后来被翻译成为英、日、韩、俄等多个国家的文字。

从这件事上可以看出,怎样化遭遇为机遇,怎么做好本职工作,怎样找到本职工作和自己最喜欢的事情的结合点,怎样在出现矛盾的时候抓住主要矛盾、妥善处理好矛盾,都是很重要的。

无论做什么,我给自己的要求是先把本职工作做好。因为这是你的安身立命之本,否则你就是不务正业。我知道有一些老师,很热爱创作,喜欢写作,也出了不少成果,但他不好好教书,没有把书教好。从本质上来说,他不是一个好教师。所以,首先是要做好自己的本职工作。

后来,随着工作岗位的变化,我担任了教育科学部主任、教务处处长后,开始有意识地"撤离"心理学研究领域。因为人的精力总是有限的。我也特别感谢当年硬把我留在教育学教研室的老领导,后来他成为我加入民进组织的介绍人。我经常想,如果不是我在教教育学课程的时候,积累了比较好的教育理论素养;如果我当初只做心理学,而没有研究教育学、没有上教育学的课程，也许我走不到今天这一步。

所以，很多事情是好是坏，是遭遇，还是机遇，都很难说。人就是要这样，扎扎实实地从当下做起、从本职工作做起，妥善地克服各种各样的困难。

我经常讲，困难就像一块石头，你背在身上，就是沉重的包袱，但你把它放在脚下，就变成了你的阶梯。你怎么把包袱变成阶梯？这是一种工作的智慧，也是一种生活的智慧。现在所有的困难、所有的矛盾，我都能很坦然地去面对。因为这一路走来，我发现，人生就是不断地把包袱变成阶梯的过程，就是不断地去解决教育路上的各种矛盾、挑战的过程。有一个作家曾经说过，"生活就是由一个个烦恼组成的念珠，达观的人总是笑着数完这些念珠"，也就是说，你乐观地去看待这些问题，那么这些问题自然就不是问题。

4. 时间是海绵里的水，如何挤出这些海绵里的水肯定是有技巧的，您能够轻松地驾驭这么多工作，是不是有一些节约时间、利用时间的办法呢？

时间管理是一门非常重要的艺术！

第一，工作要有计划性。你只有工作有计划，心里有目标，你才能完成最重要的事情。时间管理学里有一个"二八原则"，就是说你最重要的事情大概有20%，要用80%的时间来完成这20%的最重要的事情。

一般来说，我们会把工作分成这几种情况：重要而紧迫，重要而不紧迫，不重要也不紧迫，不重要而紧迫。比如，不重要但很紧迫的事,有的时候你可以不做,虽然它很紧迫,如有人约你吃饭,有人约你聊天,有人约你打牌,这样的事,可能拖一拖就拖过去了。你必须首先投入到那些重要而紧迫的工作中去,这是最关键的。

此外,如果你还有精力,你应该为那些重要而不紧迫的事情作好准备,因为它很重要,尽管不是很紧迫,但是超过了这个时间,就变得很紧迫,所以你要事先作好准备。

第二,利用零碎时间。要学会利用零碎的时间,在不同的时间做不同的事情,这很重要。比如像我每天的阅读,早晨起来之后,无论春天、夏天打开窗户,还是冬天在房间里,早晨总是头脑最清醒的时候,那时候读书效果最好,写作效果最好。

晚上,一天下来很疲倦,这个时候要调节一下身心,就多读一些文学、诗歌、童书,这时候,相对来说是处于一种放松的阅读。我读报纸,基本上是在车上读的,我每天要看十几种报纸,获取大量的信息,我的微博和"头条"里面的很多信息都来源于报纸。我们都知道,很多报纸内容都是重复的,过去读报只看标题,但其实有一些重要的信息、重要的内容在标题之外,我们需要学会识别信息。有时在车上看到报纸上有特别精彩的文章,可能来不及读,我就把它剪下来做成剪报,然后利用开会之前等待的时间或其他合适的时间,再去读这些文章。

第三,利用好时间记录与分析法。所谓时间记录与分析法,就是反思自己的时间利用是否合理。像我是有写日记的习惯的,写日记的时候,会分析这一天的时间怎么用,可能就会发现哪一些时间浪费了,哪一些时间是利用得比较好的。时间记录与分析法是防止浪费时间的一个非常好的方法。你去了解一下,或者说我们每个老师都反思一下：一天看手机花了多少时间？很多人都难以置信，可能在手机上花的时间就有好几个小时，还有看电视等。

分析一下，你就会发现，哪一些时间是被浪费了，哪一些是可以压缩的，哪一些是可以效率更高的，所以，学会记录和分析也是有效利用时间的一个好办法。

5. 有以下几件事，如果您只能选择其中一件事，你会选择什么：（1）阅读一个小时；（2）写作一个小时；（3）和家人朋友交流一个小时；（4）和新教育人交流一个小时；（5）其他。您这样选择的原因是什么？

这个问题是无法回答的。因为这几件事具有不同的意义和价值，都很重要。阅读很重要，写作很重要，和家人交流很重要，和新教育的朋友谈心也很重要。如果必须选择其中一件事，那就要按照我前面提到的原则来选，考虑这件事属于"重要而紧迫、重要而不紧迫、不重要而紧迫、不重要也不紧迫"中的哪一种，然后进行选择和安排。如果一篇文章明天就要交稿，这时候，我当然得把其他事情先放下，用这"一个小时"来完成明天要交的稿件。如果我的家人明天要和我离别，比如我的小孙子、我的儿子明天要走，我今天晚上就要陪他们玩"一个小时"，交流"一个小时"。如果一个外地的新教育人来北京了，那我就可能先去见他。总之，哪个优先，得根据不同的场景、不同的任务、不同的对象来安排。

6. 现在可以汲取资讯的平台和渠道很多,在您看来,读纸质书和其他一些汲取信息的方式有什么不同?基于职业特点,教师的阅读和其他人群的阅读,有什么不同?对于教师阅读,您有什么特别的提醒?

关于教师阅读,我在《教师月刊》"朱永新答"这个专栏已经讲过很多,已连续谈了五年。每一期回答一个相关的问题,很快就要集结成书,书名为"给教师的信:阅读与人生"。

对教师而言,阅读毫无疑问是非常重要的。新教育的"三专",第一个就是专业阅读。阅读是借助前人、借助大师筑就的台阶攀登。我们说,平时的随手翻阅当然也是读,读碎片化的信息也是读,读孩子也是读,读生活也是读……不同的阅读有不同的作用。对于教师来说,最基础的阅读还是纸质阅读、经典阅读。在很多情况下,通过手机阅读,通过电脑阅读,往往都是碎片化的,因为在这种阅读的过程中,会不断地跳出很多和主题无关的信息,会把你引到各种各样的其他的阅读场景中去,让你不能够全神贯注地阅读。专业阅读需要沉下心来,需要心静气闲。

比如说,读杜威也好,读皮亚杰也好,读佐藤学也好,读蒙台梭利也好,我这几年一直在做——我都是选择在早晨这个最宁静的时刻进行阅读的,因为它有一个相对整块的时间。其他零碎的时间,我基本上是手机阅读,一些重要的文献和信息,我会保存下来,找时间再细读。整块的时间里,我主要还是用来读那些最重要的书。

作为教师,他的教育智慧的来源其实就在阅读之中。我最近一直在读杜威,我就发现,其实我们中国当下教育面临的所有问题,和一百年以前的杜威遇到的问题有很大的相似性。你教室里正在发生的故事,其实在其他人的教室里,甚至在一百年前杜威所处时代的教室里就已经发生过。所以,我们可以通过这样的阅读,积累很多关于教育的智慧、经验。面对相似场景的时候,你自然就有了解决问题的方案。

教师所有的教育行为,背后都是教育哲学,而这个教育哲学和阅读有着非常密切的关系。你以什么样的价值观,你用什么样的方法论来解决你的课堂、你的教室里的问题,其实和你的阅读是直接相关的。

我经常讲,阅读的高度决定了精神的高度,精神的高度决定了行为的高度。你的教育是不是有智慧,取决于你是不是善于阅读。那些优秀的教师,包括最近的这一批 23 位"种子教师",当然还有你,你们每个人背后都有非常深刻的阅读体验和丰富多彩的阅读故事。

7. 师生共写随笔,是新教育十大行动之一。许多教师也想写作,但存在各种障碍。对于初学写作的老师,您有什么建议?

关于教师写作,可能很多人都知道我是开过一个叫"朱永新成功保险公司"的。"朱永新成功保险公司"就是为了鼓励教师写作而提出来的,最初强调的还不是专业写作。我一直认为:写作是在写作的过程中练出来的。要先写起来。一开始,如果你写的是那些远离教学生活的东西,那可能只有胡编乱造。我们知道,很多教师评职称,发表论文,其实那不是真正意义上的写作,他只是"抄",只是别人文章里面的观点、案例的拼凑。所以我经常建议,要先学会把自己的生活记录下来。这个记录的过程本身就是一个思考的过程,就是一个反省的过程。

新教育为什么特别重视教育叙事?很多老师跟我说:我的生活很平淡,每天都是一样的东西,记下来没有什么意义。其实,你真正开始记录以后,就会发现:每天是不一样的,每天的教育生活是不一样的;同样一件事情,在不同的环境中会发生很大的变化。而且,你写着写着,就会发现,同样的事情,同样的问题,如果不从不同的角度、视角去分析、研究,你自己写起来也会觉得没劲儿。慢慢地,你会意识到必须寻找不同的写作方法,不同的研究方法,这样你就可能会选择阅读,借助阅读来改善和提升你的写作。所以,我一贯主张,教师要先写起来。

当然,有意识的专业写作更加重要。因为专业写作里除了写日记以外,还有别的写作,比如教育案例研究写作。案例研究写作是从问题(研究)出发的写作,比简单地写日记进了一步。比如像我们新教育实验团队中有一位很有名的教师,她叫吴樱花,在新教育里面是第一位研究教育案例的教师,她写过一本书,叫《孩子,我看着你长大》。她班上有一个离异家庭的孩子,她就注意观察他,作为案例来分析、研究,这样三年下来,她就把自己的研究写成了一本书。

真正的思考往往是从写作开始的。而且写作这个东西,你一旦开启,便会沉醉其中,一般情况下不会远离它。它会成为你的一个习惯,成为你的一个乐趣,你不写会很难受。像我现在每天不写点东西,就像每天不读书一样,就觉得有点难受。很多事情,你及时地记录下来和不及时地记录下来是完全不一样的。

最近我出了一本新书——《春天的约会》，是我连续五年参加全国"两会"的日记。"两会"一般15天左右，我每天都会写一篇比较有意思的日记和大家分享，很多人把它作为中国"两会"的现场直播。从写作的角度来看，这是一种主题式写作。

其实，我们很多新教育的教师，如果你有意识地集中一段时间来记录你的教育生活，或者你有意识地记录某一种教育生活，比如说你这一生经历的开学典礼、毕业典礼，或者像飓风老师的生命叙事剧等，都可以成为非常有意思的主题。主题式写作也是一种很特别的写作，一般你可以每天正常地记录，但是对一些事、一些人，你记得特别细、特别深，那么这就是有意识地开始主题写作了。

当然，还有一种常见的写作就是读书笔记。读书笔记是非常重要的写作。你们可以看到，我从2010年开始"重读经典"的个人阅读工程，一边读书，一边做读书笔记，积累到现在可能已经超过100万字。杜威的著作我很快就要读完了，之前我已经读完了苏霍姆林斯基的著作，读完了蒙台梭利的著作，读完了30多卷的陶行知和叶圣陶的著作。在这个过程中，发现特别有同感的地方，我就写一段文字来谈我的理解，与大师们进行跨越时空的对话。我的读书笔记就是这样一种记录，整理出来就可以作为一本书出版。所以这样一种阅读的积累，也是非常有意思的。总之，写作有各种各样的方式和各种各样的途径。

8. 我们注意到，您出版的很多书都是畅销书。20年前的2000年，《我的教育理想》是新教育诞生的标志，它就是一本教育畅销书；2015年出版的《致教师》，2019年出版的《未来学校》

一书，也都非常畅销。在您看来，这些书之所以畅销的原因是什么？怎样写出优秀的教育畅销书，您有什么经验可以传授吗？

过去在大学，主要写学术论文，写学术著作，很少会去想，有没有人来读，它是不是畅销书。后来，应该是1999年，我读了《管理大师德鲁克》以后，感觉这是一本很好的书。一本书好不好，很重要的一点就是，要看它能不能改变人们的生活；一个理论好不好，检验的标准，就看它是不是真正地改变了人的行为，改变了人们的生活，改变了人们的生活方式。在写《我的教育理想》这本书的时候，我的心里有着很明确的对象，那就是——教师。我这本书是写给教师看的，所以我首先就想，教师的教育生活中面临的最大问题到底是什么？教师最关注的点在哪里？教师的职业幸福的来源到底在何处？另外，用什么样的语言、什么样的文体，才能让教师更容易接受？这些都是非常重要的。

我的这几本书很受欢迎，其实一个很重要的原因是，我心里面有明确的读者。

我最初写的《未来学校》是一本学术专著，将近20万字，书名原本叫"走进学习中心"——它很快也要在中国人民大学出版社出版。那么，我为什么决定先出一个普及版？其中也有好朋友给我的建议。这本书其实是相当于新的《我的教育理想》。在互联网高速发展，在人工智能、大数据的背景下，在科技日新月异的今天，教育到底怎么变革？这是这些年来我一直在思考的问题。如果把它写成一部学术性的著作，那么很大的可能就是读这本书的老师会比较少。所以我就下决心先把它变成一个普及版，让普通的父母亲、普通的老师都能看得懂。它是有意识地用通俗的语言和生动的案例写成的一本书。《致教师》也是这样写出来的。

这些年来我写了很多文章，在主题选择和呈现方式上都使用了教师比较容易接受的那种方式。总而言之，要做到这两点：第一，你心里面有读者，你要很清晰地知道这本书写给谁看。第二，这本书到底要解决什么问题。比如说，《未来学校》最重要的写作目的，就是想推进教育变革，而且为新的教育变革绘制一张蓝图。《未来学校》可以说是中国教育的一个整体性解决方案，或者说是教育改革的一张蓝图。那么，《致教师》呢？其实它就是教师成长的一个解决方案。教师成长的一个关键点是职业认同，怎么正确地理解教师职业？怎么去防止职业倦怠？怎么真正地把握教师职业的内在魅力？了解了这些，教师就可以更好地成长。所以，我就用了两个大的篇章：一是"给我一个做教师的理由"；另一个是"给我一双好教师的慧眼"。这正是教师关注的两个问题，所以说我的这本书就是找到了教师成长的两个大的痛点。

自从2000年以后，我对自己的要求就是：尽可能地让我所写的书，能够让更多的人改变他们的生活，改变他们的人生态度，改变他们的职业认同感。

9.按照新教育实验的理念，职业认同与专业发展是腾飞的双翼。现在，大家对于专业发展的认识已经比较清晰了，那么，在职业认同方面，您认为可以通过哪些工作来推进呢？

新教育的"职业认同"是按照生命叙事剧理论来研究的，每一个生命都是一个故事。仔细想想，难道不是吗？这是一个从摇篮到坟墓的故事，这个故事到生命的最后一刻才写完。我们每一个人都是用自己的一生来写一个关于自己的故事，你是你自己生命故事的作者，也是你生命故事的主人翁。你自己这本"书"写得好不好，在很大程度上取决于你这个作者是不是用心在写。

我们提出，新教育的教师要把自己的故事变成一部伟大的生命传奇，要书写自己的生命传奇。为什么中国1600万教师当中，真正写出自己传奇的教师并不是很多呢？其实就在于我们有没有用心去写自己的生命传奇。为什么新教育的教师"成材率"特别高、优秀的特别多呢？因为新教育教师特别重视书写自己的生命传奇。

如何书写自己的"生命叙事"？我在《致教师》这本书里谈到，首先要寻找自己的生命原型。写小说的作家总要找原型，其实，我们自己的人生也要找原型，你想像谁一样活着？比如说，我要做一个像飓风（郭明晓）大姐这样的老师，就是像飓风老师那样活着。比如说，要做一个像李镇西那样的校长，就是像李镇西那样活着。其实，你心中有这样一个目标是非常重要的。你仔细去研究研究飓风、李镇西，包括朱雪晴老师（《新教育在银河》主讲人），他们起初都很普通，普通得不能再普通，包括刚才提到的23位"种子教师"——虽然现在哪位都不普通，但他们当中，大多都是从村小、村幼儿园出来的老师，他们都书写了自己的生命传奇。一个很重要的原因，就是他们努力，他们有心，他们有自己的人生榜样。所以，我们老师应该善于为自己寻找一个目标，一个人生的方向。寻找一个生活的榜样，一个生命的原型。这是第一个方面。

第二个方面,怎样面对生命中的困难?你不要抱怨,其实每个人都有困难。我刚刚讲到的我的困难,那只是冰山一角。在我几十年的人生经历中,不说每天吧,不过也经常遭受各种各样的挑战和困难。关键在于,你不要把它当成困难,而是要当成阶梯。你克服一个,你就向前迈一步,你就走到一个新的天地里去。有的时候,困难并不完全是坏事情,面对它,接受它,挑战它,战胜它,慢慢你就成长起来了。

再就是,你用什么样的语言去书写人生故事。我说有三种语言:用家乡的方言,用中国的语言,用世界性的语言。真正的好教师,应该是站在全人类的角度,看教育,看世界的。在这次战"疫"中,那些狭隘的民粹主义情绪,反映的正是没有很好地站在人类的立场上思考问题。习近平总书记提出,建立人类命运共同体,这是真正地站在人类立场上。作为教师也是,如果你关注的是人类,在你的课堂上你就不会仅仅关注分数,你还会关注环境、战争,关注人类整体的命运。

如何做个好教师,在《致教师》这本书里我已经讲了很多,此处就不详细展开了。

10. 作为发起人,您认为新教育要怎样才算是成功?您认为一线教师做新教育的时候,成功的最大阻力是什么?对此,您有什么建议?

您所提的两个问题实际上有密切关联,有相通之处。新教育的成功,最后要看的是我们一线教师的成功。因为我一直说,"谁站在讲台前,谁就决定着教育的品质,谁就决定孩子的命运",只有优秀的教师才能造就优秀的教育。这也是新教育实验和其他的教育改革、教育实验不一样的一个很重要的特点,因为我们是把教师的成长作为整个新教育的逻辑起点。所以说,什么样叫新教育成功了?那就是新教育的理念、方法、课程成为我们中国大部分学校的理念、方法和课程;或者说,新教育的理念、方法、课程成为那些有理想的老师们都在遵循的理念、都在使用的方法、都在探索的课程的时候,才能说新教育实验取得了真正的效果。

徐锋先生曾经讲过,他很期待有那么一天,"新教育"三个字变成"中国教育"四个字。这也是我们新教育人的梦想。

我一直说,新教育做的事情就是为中国教育探路。怎么叫为中国教育探路呢?也就是说,明天的教育是什么模样,那么今天的新教育就是什么模样。所以我们做生命教育课程,为什么要做生命教育课程?这次疫情充分体现了我们的高瞻远瞩。我们其实都明白生命是最重要的,没有什么比生命更重要!健康是"1",后面的都是"0"。我们提出,人有三种生命存在:自然生命、社会生命和精神生命。这样的课程在国内的课程体系里面还没有,据说,最近教育部要求研发课程的相关部门,要研究未来的生命教育课程与教材的问题。这个工作,我们新教育很早就开始做了,而且出版了生命教育的系统教材。

再比如说,我们正在研发的大科学、大人文、大德育、大艺术这些课程,我认为都是属于未来的课程改革的方向。新教育就是对未来有更清晰的认识,对未来教育进行思考,进行探索,进行实践!所以,你说什么叫新教育成功,也就是说未来中国教育成功了，新教育才叫成功，因为我们是为未来作探索。而新教育成功的根基在哪里，根基在教师。只有我们把教师培养好了，只有让教师认同新教育的理念，只有教师真正在教室里面去做实了，那么新教育才能成功。

我也跟新教育的同仁们说，新教育这些年用很大的精力去研发课程的一个很重要目的就在于此。教师靠什么站住脚，仅靠理想与理念是不够的，必须靠日常的课程。课程的丰富性决定了生命的丰富性，课程的卓越性决定了生命的卓越性。比如说，晨诵是一个非常美好的课程，那么我们把它做扎实了，我们中国的孩子，每天都以一首美好的诗歌开始新的一天。我知道除了新教育的学校，现在还有很多学校在做晨诵的课程。还有很多好的课程，比如我们正在做的说写课程，还有我们正在研发的科学课程、艺术课程，这些课程其实都是在为未来的课程作准备。所以，关于未来，我在《未来学校》这本书里描绘了一个蓝图，这个蓝图里面有很多是新教育已经完成的或者说正在努力做的，所以，我们其实是带着中国最优秀的一群教师，在前往未来的这条路上。我觉得我们的成功就在于此。

11. 我知道，在今天这个对话活动的听众里，还有很多校长、局长。请问，您认为教师、校长、局长这些不同岗位，对教育的职责有什么重要的不同？在推动新教育上，作为教师、校长、局长，他们分别应该重点做的一件事，是什么？

不同的职务有不同的责任，虽然都是在做同一件事。同样是在做新教育，教师的职责在教室，教室就是教师的天命所在。他要用全身心把新教育在教室里做出来，让新教育的课程、新教育的理念在教室里活起来。

作为校长，他的责任在于：把每位教师的能量激发出来，让每位教师成为最好的自己，让每个教室的新教育能够活起来。同时，学校作为教师的共同体，要让每位教师在学校里拥有一个共同的精神家园。所以，作为校长，他的使命就是让新教育在校园里活起来，让每一位教师都成为学校的主角。作为校长，容易犯的毛病就是，他本来应该是学校的导演，但他变成了学校的主角，其实主角应该是教师。这是我在很多场合讲过的问题。校长不可能代替教师走进教室，而一个学校的品质最终要在教室里实现。所以，让教室的主人成为学校的主人，让教师成为学校的主角，把每一位教师的能量调动起来，这是校长的责任，也是校长的管理艺术的体现。校长要学会做导演，而不要做演员。

作为教育局长，那当然是一个非常重要的岗位。我们看到，全国新教育有100多个实验区，这些实验区的发展是不平衡的。它往往取决于该实验区的教育局长对新教育的认同、理解的程度和追求的信念是否坚定。凡是真正认同新教育，凡是真正地、实实在在地带领大家在做新教育的，都做得非常优秀，无论是局长还是副局长。比如，明天就要开课的邢台县樊青芳副局长，她虽然是副局长，但她抓全县的新教育实验，抓得非常扎实。她把全县教师都撬动起来了，把校长们撬动起来了。所以，教育局长的使命，就是把校长撬动起来，把教师撬动起来，让自己所在区域的教育生态变得更好。

作为局长和校长，其实有一点是共同的，都要成为搭台子的人。如果说校长是导演的话,那么教育局长就是舞台的搭建者,或者说是真正意义上的一个总导演。他的使命就是为每个学校、每位校长、每位老师搭建一个好的舞台,让他们充分地表演,让他们能够你追我赶,创造一个良好的区域教育生态。他要很清楚,幸福比成功更重要;他要很清楚,不追求分数,但是不惧怕考试,其背后的支撑力量是什么。所以我觉得作为教育局长,他应该真正懂得新教育的魅力,懂得去调动教师和校长全身心地投入教育。新教育的很多优秀的教育局长,他们就是这样做的。像我们新教育研究院常务副院长陈东强,他在绛县做教育局长的时候,就做到了这一点。所以我觉得新教育的教育局长,都很不简单。至少他们发现了新教育,寻找到了新教育,成为新教育实验区的"总导演"。这一点很了不起。当然,只做到这一点是不够的。如果你不能坚守,不能够深入,是走不远的。因为只有把新教育的课程、理念、文化、项目,完全地落地了,你这个区域的教育生态,才能发生真正意义上的改变。

12. 疫情让大家体会到生命的可贵,也让老师们对生命存在有了各种新的感悟。我的感觉是,在不同的人生阶段,对生命的感悟有所不同。您认为自己的人生可以分为哪些阶段?在不同的阶段,您的感悟有什么不同?这些体现在新教育的工作上,又有什么不一样?

这些问题恐怕需要写一个自传才能回答。

我的人生在上大学之前,是一个比较重要的阶段。那是一个读书求学、初步进入工作的状态。这个阶段是在一个乡村,所以，经历就显得比较简单，在乡村读小学，读中学，然后做了一段时间的杂工。我做过泥水匠的小工，扔砖头，砌墙；做过翻砂工人，在高温的车间里工作；做过搬运工人，扛着几百斤的货物走跳板……苦活累活脏活，都干过。也做过乡村的会计，后来有了一个稳定的工作，做棉花检验员，做供销社领导的秘书，帮着写文章……这些都是上大学之前的经历。

这段经历中，也有一些小梦想：曾经想成为作家，尤其是在中学、高中阶段，写小说、写诗歌，投稿；甚至有段时间想要当画家，还学过一段时间的绘画。这些都是很短暂的经历。那时候只是想着有个安逸的生活。

真正的变化是在大学阶段。大学，是我人生发展的最重要的一个阶段。因为在这个阶段，我真正开始了我的阅读生活。在这个阶段，我真正开始拥有了理想。

我今天下午参加"远集坊"第二十七期活动，以"今天我们如何做父母"为题作主题讲演，就讲到在大学的时候带给我影响的一本书《产生奇迹的行动哲学》。这本书讲了一个乡村孩子成长的故事，对我触动特别大。主人公的理想是当一个医学家，考了三年才考上，最后成为日本著名的医学改革家。他就是我的生命原型，我的人生榜样。我后来的人生理想跟我读这本书有很大的关系。

在大学里树立了这样一个理想之后，就注定了无论我做什么，就想着要比别人做得更好，走得更远。因为你的心中有个很清晰的目标，你知道要到哪儿去，要像谁那样活着，你生命的意义在哪里。

因此，我在大学拼命读书，是读书最多的时期，我为此写过一篇文章——《大学是读书的天堂》。大学是我很重要的时期，为我奠定了一个比较好的专业成长基础。

从大学毕业以后留校任教到1997年我到苏州市政府工作，这是一个比较重要的阶段，从一个助教，成长为系主任，成为大学的教务处处长。在这个阶段，理想没有变，不断追求提升，这个阶段读了博士，读了博士后，不断地研究，不断地调整，结合工作调整研究方向，不断地成长。也参加了很多社会活动，在大学开了中国大学里的第一个心理咨询室，写了国内第一本有关学校心理咨询的书。人一旦有了梦想，就会不断去折腾，不断去寻找适合自己发展的道路。

后面的发展阶段就是做新教育实验。

当然，新教育本身也有着不同的发展阶段，我在《新教育实验：为中国教育探路》和最近要出版的《朱永新与新教育实验》中，都很清晰地描述了新教育的发展阶段。

简单来说，就是一个从"理想召唤"到"课程推进"，再到"文化整合"的过程。

第一个阶段就是靠理念、靠理想发展新教育，汇聚人才；第二个阶段就是通过课程的研发，让新教育能落地生根、开花结果；第三个阶段就是谋划新教育的未来，用整体的文化和哲学观来统领新教育，让新教育能够符合未来教育的趋势。

中国这几十年，有那么多教育改革，有那么多教育实验，相比而言，新教育有一点特别不同，就是它是一个不断开放、不断成长、不断自我突破的实验，是一锅"石头汤"，新教育的老师、新教育实验学校、新教育实验区共同成长、不断突破自我。在这个过程中，我们也在不断地矫正自己的步伐。

我一直说,我只是新教育的发起人。新教育的创造者是新教育的老师,新教育的学校,是各个实验区,还包括我们的很多父母,很多孩子——他们共同创造了中国的新教育。

2020 年 2 月 21 日

# 后 记

自2009年7月《教师月刊》创刊以来,我一直是它的忠实读者和作者。

《教师月刊》与我的结缘,走了"三部曲"。

记得创刊不久,林茶居先生就向我约稿。因为刚刚到民进中央工作,同时已经在《教育科学研究》《天津教育》等好几家报刊开专栏,实在没有时间,当时婉言谢绝了他的好意。但是,作为茶居的好朋友,对杂志的工作还是尽力支持的。对于《教师月刊》的两次深度采访,我也主动配合完成,一次是关于新教育实验,一次是关于霍懋征老师。这应该是"第一部曲"——积极支持。

接着,是让我开一个"朱永新微教育"的专栏。茶居先生说:"朱老师,你没有时间写作没关系,我们编辑部来帮助你,在你的微博中找好的观点,好的故事,每期发一个版面。"这是"第二部曲"——深度参与。

其间,也写过几篇所约之稿。大约从2013年开始,茶居先生可能觉得水到渠成了,命我在杂志开一个问答专栏。他们从教师中间征集问题,由我来答复,每月一期。这一下子就上了"林船",一发不可收拾,一直写到今天。这是"第三部曲"——不

离不弃。

2015年，湖北长江文艺出版社向我约稿。由于工作繁忙，我也是一口回绝了。没有想到，责任编辑秦文苑竟然在我已经发表的文字中精选了近20万字，编成了一本书。被她感动的我，就想到把这些书信整理集结成一本《致教师》。没有想到，这本书很快成为畅销书，加印了近30次，发行近50万册。

坦率地说，《致教师》被长江文艺捷足先登之后，我总觉得欠了茶居兄一笔账。因为许多文章毕竟在《教师月刊》首发，华东师范大学出版社大夏书系团队也是早有所约的。但是，一方面被秦文苑的热情和坚韧感动，一方面当时《教师月刊》对我的文章在篇幅上的限制让我感到有点遗憾。缘于《致教师》的出版，那些被茶居兄砍掉的文字起死回生了。

没有想到，茶居兄从此打破了每篇1500字的限制，对我的文章网开一面，不限字数，敞开写，全文发。而且，他们不再从教师中间征集，而是自己命题，围绕阅读展开。这样，专栏的主题就开始更集中，更有逻辑。当然，回答的难度也越来越大。每次写作，对我来说，都是一次考试，一次挑战。

这本《给教师的信：阅读与人生》，就是这样"出笼"的。书里的文章，全部都是在《教师月刊》首发的，而且与《致教师》完全没有重复。本来，我建议用"致教师2"作为书名，茶居先生说："我们就不掠人之美了，这个名字还是留给长江文艺吧！"于是，有了现在这个书名。从内容上看，这本书应该是《致教师》的续编。希望它能像《致教师》那样，继续受到老师们的喜爱。

在考虑全书的编排方式的时候，原来准备对信的内容作一个分类，后来，觉得主题就是讲阅读与人生，而且是围绕阅读谈教育人生，分类反而显得累赘，不如按照原信的写作、发表时间编排，既可以原生态地再现写作的时空，也可以窥见我个人思想的发展历程。

茶居编完了书，让我写一篇序言。我把球踢回给他，因为我一直认为，写序不是看谁的名头大，而是要尽可能找最懂这本书、最懂作者的人来写。所以，我对茶居说："为这本书写序言最合适的人自然就是你。因为你是催生婆，是见证人。其间的故事，你最清楚。"

这本书的出版，我首先要感谢的当然是茶居先生。这些年，没有他每一次的督促，我也坚持不到今天。

当然还要感谢这本书的读者朋友。前不久读到安诺德·贝纳特在《经典之所以为经典的原因》中的一段话，"世上的经典作家，其起初只成名，其日后之经久，其实都只是少数热爱者的功劳。即使一位在其生前即曾享有过盛名的一流作家，他能受到多数人赏识的程度也每每逊于不少二流作者。他们能够历久不衰主要是因为得到过少数钟爱者的屡屡强调"，很有感触。虽然我的小书不会是什么经典，但是同样渴望得到"多数人"的"赏识"和"少数人"的"钟爱"。

我一直认为，书的生命是读者赋予的。作者把书写出来，相当于母亲把孩子生出来。能不能存活，能不能健康地成长，能不能永生，都取决于读者是不是阅读，是不是喜欢，是不是不断地有人阅读。而作者最大的荣耀和幸运，就是有人不断地读自己的书。

朱永新

2020年4月6日，写于北京滴石斋